Peace Studies

51

# 平和と音

Peace and Sound

日本平和学会編

早稲田大学出版部

**Peace and Sound,
Peace Studies Vol. 51**

The Peace Studies Association of Japan
email: office@psaj.org
http://www.psaj.org/

First published in 2019 by
Waseda University Press Co., Ltd.
1-9-12 Nishiwaseda
Shinjuku-ku, Tokyo 169-0051
www.waseda-up.co.jp

© 2019 by The Peace Studies Association of Japan

All rights reserved. Except for short extracts used for academic purposes or book reviews, no part of this publication may be reproduced, stored in a retrieval system, or transmitted in any form whatsoever—electronic, mechanical, photocopying, or otherwise—without the prior and written permission of the publisher.

ISBN 978-4-657-19012-3
Printed in Japan

## 巻　頭　言

## 聴く，奏でる，平和の音

### はじめに——日常の中の技と表現行為

　今号の特集は「平和と音」。平和を奏でる音，平和を表現する音，そして音と平和はどのように関係するのかなど，さまざまな視点からの論考が寄せられた。田中公一朗「PLUR——カントの「思想」と EDM」は「日常性」とそこで織りなされる音楽表現について論じている。19世紀のカントの Kunst の概念は，日常生活の営為それ自体を人間が文化を創りあげる技として認めることを基礎としている。田中はその Kunst を，21世紀の音楽文化である EDM（Electric Dance Music）の中にも見出せると論じている。EDM 文化の背景には PLUR という思想があるのだという。P は Peace（平和），L は Love（愛），U は Unity（統一），R は Respect（尊敬）を意味するとのこと。米国やタイでのミュージック・フェスティバルの事例に触れながら，論考は EDM の Kunst の現代的意味を掘り起こしている。

　続く，長谷川貴陽史「平和と音——現代音楽からの若干の示唆」は，4名の現代音楽家の活動を紹介しつつ，音楽の実践がどのように未来の社会関係モデルを探る手がかりとなるのかという主題に迫っている。とくに重要な指摘は，専門家だけではなく多様な市民，民衆が主体となり，日常生活のなかで音楽を伴った表現が行われ，それが文化に限らず政治や法体系，経済活動とも影響し合いながら，人と人との連帯の構築や社会制度の刷新

にもつながるという点であろう。

特集の最後は，芝崎厚士「「ボブ・ディランという音」と平和——ポール・ウィリアムズのディラン論を中心に」である。芝崎は，米国のロック評論家，ポール・ウィリアムズを，「ディランという音が人間にとって持つ意味は何か」という点に取り組んだ論者として評価する。そしてこの観点から，ディランの音を考察し，音楽や表現の意味は多義的であり，説明や解釈によって「平和」や「自由」といった価値には還元し得ないという結論を導き出している。[1] 興味深いのは，芝崎論文もカントの Kunst の概念に言及している点である。「平和と音」という主題を論じる際，各論者が「日常性」そして表現の「技」に言及していることは，本特集が示し得たひとつの指針，そして今後の思考の種ではなかろうか。

次節では，「平和と音」を考える手がかりとして，2012年に日本平和学会・春季大会で実施したワークショップを紹介したい。そこでのキーワードも，やはり，「やりとり」，「コミュニケーション」といった日常でのわれわれの営為である。

## 1　沖縄での「平和の音創り」ワークショップ

2012年6月23日（土），沖縄大学（沖縄県那覇市）で，日本平和学会2012春季大会が開かれた。大会では，部会企画として「奏でる平和，祈る平和：沖縄精神文化の平和創造力にふれる」が催され，筆者はファシリテーターとして「平和の音づくり」というワークショップを実施した。[2] 行ったのは，シェーカーと呼ばれる小さなタマゴのかたちをしたパーカッションを手に，参加者みなで自分たちが思い描く「平和の音」を鳴らし，それを音で共有し，なぜその音になったのかを言葉にして振り返るという営みである。

ワークショップの参加者は20名ほど。最初に全体で音を出し，相手の音を聴き合うなどのアイスブレイクをしたあと，5名ずつのグループに分か

れて「平和の音」を創るというワークに入った。「シャカシャカ，シャカシャカ」，「サラサラ，サラサラ」，「ジリ，ジリ」など，鉄の小玉が入ったミニシェーカーの多様な音が交じり合うなか，それぞれのグループでは話し合いと音創りが進められた。

　武者小路公秀会員と故・西川潤会員もこのワークショップに参加し，同じグループで音創りを行った。武者小路氏は国際政治，西川氏は国際経済の専門家としてそれぞれ知られている。しかし，両氏が平和という言葉，概念，現場に音でどのようにアプローチするかという点については未知であり，沖縄の「慰霊の日」，このワークショップでは期せずして同氏らが奏でる「平和の音」を聴く機会にも恵まれた。

　グループで奏でた「平和の音」を紙面で再現，紹介するには限界があるが，興味深かった点をひとつ述べたい。それは，音を通して平和の概念について考えることの創造性である。あるグループは，シェーカーをことさらに鳴らして音を出すことなく，それぞれがシェーカーを握りつつ静かに音を出し，合わせた。理由は「平和は静かで穏やかな状態のことだから，音もそのような感じになるように創りたいと思ったから」とのことだった。

　またあるグループは，シェーカーを4拍子のリズムでしっかり振り，皆が同じ音を奏でた。理由は「平和な状態になるにはまとまることが必要。そうした意見が話し合いで出たので」ということだった。さらにもうひとつのグループは，最初にひとりが音を立て，それに2人目，3人目が加わり，最後には皆でリズムアンサンブルを創るという表現を行った。理由は「平和は創っていくもの。それを音で表すとこのようになる」ということだった。以上のそれぞれのグループの主題は，「平和とはどのような状態のことか」，「平和の条件とは何か」，「平和を創るにはどのようなアクションが必要か」という言葉で言い換えられよう。

　大学の授業やゼミでも「平和」をキーワードにした学びは多いが，テキストを中心とした情報や，資料映像などを読解・鑑賞・検討し，議論しては平和について考えるという作業が，その学修活動の中心である。一方，

平和構築や平和教育のいくつかのワークでは，アクション自体にプログラムの重心が置かれ，参加者どうしの交流や議論，振り返りを十分に深めることが難しい場合も多々見受けられる。

この「平和の音づくり」ワークでは，筆者はファシリテーターとして，これら両方のモメントを重視し，シェーカーという楽器を通し，そして自分たちの音づくりを通し，平和について考えることを中心に据えた。結果として，音づくりを通して平和の概念とその内実について再考する機会となったと考えることができる。

「音で考える」というワークショップを日本平和学会で実施できたことの意義は大きい。一介のファシリテーターの夢としては，日本平和学会の総会でアイスブレイクがわりにシェーカーを鳴らし合い，この学会だからこそ奏でられる平和の音を響かせたいものである。

## 2　平和な場づくり──コール＆レスポンスをする「聴くワーク」の試み

先に紹介した2012年の「平和の音づくり」ワークショップは，他者とかかわる（平和な）場を創るというデザインを基礎として，数年前から筆者が実施してきたものである。ここでは，その仕掛けの基礎について述べる。そして，聴き合う関係づくりが平和の音づくりにつながるということを論じてみたい。

### 1　聴く・合わせる・絡む──音のワークショップ

筆者が実施するワークショップは，先に紹介したミニシェーカーを手にして，参加者がお互いの音を聴くというアクションからスタートする。臨場感をもってその場を理解してもらうため，以下，語りかけの文言ふうに記述してみよう。

　　こんにちは。佐藤と申します。本日は，皆さんと一緒に，「聴く」と

いうことに焦点をあてたワークショップを実施したいと思います。このワークは，3つのステップで構成されています。これは，私が大学やほかの講座の際にも行っている，簡単なリズムワークです。ミニシェーカーを配りましたが，皆さんのお手元にありますか。それをまず，好きなように振ってみてください。シャカシャカと音が鳴りますね。このような楽器を使ったワークでは，リズム感が良いとか悪いとかを気にしてしまい，音を奏でて合わせることに思わず尻込みしてしまいます。しかしこのワークは，まず「相手の音を聴き，合わせること」をめざしていますので，リズム感うんぬんはあまり気にしなくて大丈夫です。

　では，ふたりひと組のペアになってください。そして，最初はひとりが音を出し，それをもうひとりが「聴く」という作業をやります。順番を決めて，ゆっくり，交互にやってください。その際，「あなたの音が聴こえましたよ」という合図を，相手に出してください。手元のシェーカーを使ってもよいし，表情や仕草で伝えても結構です。ポイントは，「相手の音が確かに聴こえた」，「自分の音が確かに届いた」という実感をお互いに持つことができるまで，恥ずかしがらずに続けることです。これが，ステップ1です。

　続いて，相手の出す音に「合わせる」という作業をやります。ふたりで，同じ音やリズムを刻むわけです。最初に音を出す側の人が相手の合わせやすいリズムを出してあげることが，大切なポイントです。また，リズムを刻む音に合わせるだけでなく，身体全体の動きを読み取り，それに合わせるということも重要です。目と目で確認しながら，あるいは頭や肩を軽く揺らしたりして音を出しあうと，短い時間でも相手に「合わせる」ことができるようになります。ここでも大切なのは，「自分たちの音が確かに合っているね」という実感を持つことができるまで，恥ずかしがらずに続けることです。これが，ステップ2です。

　次にやるのは，ふたりで「絡む」ことです。つまり，セッションする，リズムアンサンブルを作るということです。まずどちらかが音を出し，

もう一方の人はその音に絡んで（好きなリズムを重ねて）みましょう。おたがいに「合っている」、そして「気持ちよい」という感覚が出てくるまで振ってみてください。これが、ステップ3です。少しぐらいリズムが変わり、ズレたりしても大丈夫です。もう一度、相手の音を聴いて（ステップ1）、合わせる（ステップ2）という手順に立ち戻れば、すぐに絡むこと（ステップ3）ができます。いかがでしょうか、皆さん。うまくできましたか。

## 2 関係づくり、場づくりの基礎としての「聴く」ワーク

前節の文言で、ワークショップの場の雰囲気を十分に伝えることができたかどうか不安は残るが、ここでは、上記の「聴く」ワークのねらいの説明を少ししておきたい。

ビジネスの現場でも高等教育の現場でも、昨今は、「プレゼンテーション」や「自己表現」、「効果的な○○○ソフトの使い方」など、いわゆるアウトプットするための技術を向上させることが成功への条件だということが繰り返し主張されている。しかし、だれかと何かを協同で行う際には、まずお互いに「聴く」という関係づくりが必要である。この場合、「聴く」というのは、ただ黙っていることではない。相手に向き合い、頷き、言葉を返すというレスポンスも含む行為である。ときには相手に対してノーと言うことも、その中に含まれる。聴くことができなければ、きちんとしたノーを言うことはできない。

また、この「聴く」ことと「場づくり」とは、相補的なものであり、人がただ集まっているだけでは場とは言えない。聴き合う関係があってこそ、そこが関わりあいの場になるのであり、両方のこのようなやりとり、いわゆるコミュニケーションの基礎に、「聴く」というアクションをきちんと据え直すことが、いま一度必要なのではないかと筆者は考える。日常生活の中で、あらためて「聴くこと」に意識を向け、相手と「関わること」がお互いの関わりの場づくりとなり、その際のスキルとしてコミュニケーシ

ョンの力が求められる。このようにまとめてしまうと，社会生活上ではあまりにも当たり前のこととして聞こえてしまうが，その当たり前ことが難しくなっているのもまた，今日なのである。

　話しは飛躍してしまうのだが，効果的なプレゼンテーションや自国の思惑を通す言葉使いにたけた国家が，21世紀の理想的な国家モデルとなるのではなく，これからは，「聴く耳をもった国家」や「聴く耳をもった国民のいる国」という社会像こそ，求められていくのではなかろうか。もちろん，未完のプロジェクトとしての民主主義という思想には，こうした「聴くこと」の大切さという点が織り込まれている。だが実際の社会はそれにはほど遠く，国内も海外もますますひどい状況になりつつある。しかしながら，「聴く耳を持つ人」が育つことを願い，シャカシャカと音を出し合いワークショップをやり続けていくことは，平和な場づくりの"準備運動"にはなり得るのではなかろうか。

## おわりに

　「はじめに」で紹介した特集寄稿論文の概要をあらためて振り返るまでもなく，「平和と音」というテーマは，楽しみとして音楽に触れること，音楽が社会構築にかかわるということ，音楽が示す意味は一つの何かに回収されないということ，そしてこれらの点をふまえ，「平和」というテーマへのアプローチはまだまだ多様な面から可能であることが示されたと考えられる。ただしこれらは，本特集の紙面上の結論である。

　日常の中でのコミュニケーションの技としての音，コール＆レスポンス，聴くことなどは，実際にそれを試みるなかであらためて考察を深めることができるものである。したがって，「平和と音」をテーマとしたワークショップやシンポジウムなどを行い，それをもって本特集の実際の結論・成果とすることができれば幸いだと考えている。「平和と音」にピンときた諸氏からのアプローチ，ご連絡を乞う。

佐藤壮広［立教大学＝宗教学・人類学］

**注**

**1** 本特集所収の芝崎論文，参照。
**2** 佐藤2012では，ミニシェーカーを使った「聴き合う」ワークショップの実践を紹介している。筆者は授業や市民講座などで，ミニシェーカーを鳴らし合い，そのあとに参加者の「身の上ばなし」を詞に表現し，ブルースのメロディでそれらの詞を歌うというワークショップも行なっている。その場でも重要なことは，自身の日常生活を捉える視点と，シンプルに自身を表現する言葉である。リズムとメロディは，その言葉の意味を増幅させ，それらを他者へと届くメッセージに変える。

**参考文献**

佐藤壮広［2012］「他者の声を聴くワークと共感：歌の人間学の試み」尾崎真奈美編『ポジティブ心理学再考』ナカニシヤ出版，145-154頁。

# 目　次

## 巻　頭　言
聴く，奏でる，平和の音
　………………………………………………………… 佐藤壮広　i

## ● 依頼論文

1　PLUR：カントの「思想」とEDM
　………………………………………………………… 田中公一朗　1

2　平和と音
　　現代音楽からの若干の示唆 ………………………… 長谷川貴陽史　19

3　「ボブ・ディランという音」と平和学
　　ポール・ウィリアムズのディラン論を中心に ……… 芝崎厚士　37

## ● 投稿論文

4　吐き気を生きること
　　大岡昇平の『野火』における戦争神経症 …………… 福本圭介　75

5　武力行使に対する人権アプローチの規制の可能性
　　平和への権利国連宣言の議論から ………………… 笹本　潤　81

　SUMMARY ………………………………………………… 115

　巻　末　言 ……………………………………… 柳原伸洋　121

日本平和学会設立趣意書

日本平和学会第23期役員

日本平和学会会則

● 依頼論文

# 1 PLUR：カントの「思想」とEDM

田中公一朗

## 1 クンスト，日常生活

　音楽は，単に音楽として楽しむだけのものではない。音楽にはなんらかの政治的な思想や，自覚的ではなくても日常をどう生活し，日々を過ごしてゆくかについての考えが濃縮されている。それはコーランの朗誦，賛美歌，仏教の声明といった宗教音楽に限らない。ロックやジャズ，テクノなども政治性を顕在的，潜在的に持っている。

　本稿では，まずイマニュエル・カント（Immanuel Kant）の「日常に対する思考」（「人間学」）や「永遠平和のために」における理想形としての他者の受け入れ，またジェレミー・ベンサム（Jeremy Bentham）の「永遠平和」での戦争回避思想を簡潔に参照する。そしてとくにカントの「人間学」的な考え方と，2012年ごろに生まれたEDMと呼ばれる世界を席捲した音楽，またその背景にある「PLUR」という義務論的ともいえる考え方を，フィールドワークの結果と共に確認する。カントとEDMに直接の関係はないが，しかしヨーロッパやアメリカに流れる平和や抵抗，日々の生活に対する考え方で繋がっている。「PLUR」という概念が1960年代のヒッピー・ムーヴメントから脈々と継続しているものであることを見てみよ

う。

　ここでの平和とは，戦闘行為が起きないことではない。日々の生活や平凡だが大きな変動がない日常が平和であり，その日々の生活は音楽を聴く中にも存在しうるものと定義しておく。その考え方はフォークミュージックやロックにも見られたもので，現在でいえばEDMにおいてより明確だ。
　この平和を考えるとなにが有効なのだろうか。
　それは，日常の何気ないこともまた思想であり，もっとも重要な人生の構成要素でもある，ということを理解できるのではないかということだ。たしかに人ははじめて見聞きする理論や，変わったものの見方に面白みを見出す。思想であれば，ドイツや英米やフランスからのものというだけでそれを重んじる傾向が，日本語圏にはいまでも残っていないわけではない。しかし，それらの思想は果たして自己，自分自身の生活を支えてくれ，また生きる指針，判断の基準になっているだろうか。それは疑問である。
　そこで，日常性を重視した19世紀はじめのカントの考え方と，21世紀はじめにグローバルに流行し，そして定着した日々の音楽としてのEDMを考えてみたい。音楽とふだんの生活の関わりをどう作り，それを日々の生活の中で実践的・実用的に生かしてゆくか。こうなると音楽，たとえばEDMは単に芸術の1ジャンルであることを越え，日々の生活を支える列柱（column）になる。
　エマニュエル・カントは，「人間学」にもっとも力を注いだと言ってもよい。彼は地理学と並んで，人間学を30年間講義していた。三つの批判書はいうまでもなく重要な著作だが，この3批判書は世界市民としてのあり方と連携している。では，この『実用的見地からみた人間学』はどのような本なのだろうか？　そして，それは「平和」，またEDMとどのように繋がってくるのだろうか。
　多木浩二さんの死後に出版された著作にこのような箇所がある。
　　普通の人間であるプリーモ・レーヴィは，日常性をはぎ取られたときに人間は崩壊すると考えました。それを必死になって守ることこそ

が重要だったのだということを知識人と比較しながら書いています。彼と同じくアウシュヴィッツにいた仲間の一人に知識人がいました。知識人はそこで生命とか存在とかの意味を考えてしまうのです。しかし，それでは生き残れない。人間であることを失ってしまう。犠牲になるだけなのです。プリーモ・レーヴィはむしろ多少のずるいことも含めて生き残る方法を考えました。私はこのことに非常にショックを受けました。考えてみると人間を構成しているのは，大変な思想であったり，芸術であったりするよりもまず日常生活なのです。日常生活こそが人間の文化をつくりあげているひとつの技なのです。カントはこれをクンスト Kunst と呼んでいます。「クンスト」とは技とも読めるし，芸術とも言えます。この「クンスト」を守り抜けるかどうかが，この戦争化した世界のなかでなによりも大切なのです。（多木［2013］190-191頁）

このような考えがカントの思想の中核にあった。この日常をどう生きるかのなかで，認識論や美学がむしろ主題となって批判書ができたと逆に考えることが可能だ。カントが30年近く講義を続けたのは「人間学」であり，それはこのように多木浩二が書くようなクンストに関するものだ。そして，その「人間学」で世界市民について考察することが意味を持っていた。その講義の中身は「実勢的」「実用的」であり，反デカルト的立場を貫いている。

一方，カントと同時代のジェレミー・ベンサムも「永久平和」に対する思考を繰り広げていた。現在からすれば功利主義的な思考方法が影響しているからだろうか，ベンサムに関して注目されることは少ないようだが，フランスとイギリスの利害関係を縮小してゆくことから永久平和が望ましいことを導いている。

## 2　EDM について

　さて，EDM をここで定義しておこう。2013年ごろに20〜30代前半の若年層を中心に突然人気が沸騰したように見える「ダンス音楽」である。ロックやジャズのように音楽ジャンル名としても使われることもある。もともとは"Electronic Dance Music"の頭文字だ。とくにオランダとドイツ，それにアメリカ北部から流行が一気に広がり知られるようになった。もっとも短い説明はこうなるだろう。なお，現在（2019年初頭）は，EDM というジャンル名は音楽業界だけではなく，一般の人に確実に定着している。

　しかしこれだけでは，どういう音楽か聴いたことがない人はほとんど予想がつかないだろう。この文字媒体から音楽が流れればいいのだが，そうもいかない。EDM は，作曲・演奏テクノロジーの発展を土台にした音楽で，その起源は1970年代のテクノ・ミュージックにあるとすることができる。機械的で反復が多い音の連なりからなる作品である。現代音楽，たとえば，スティーヴ・ライヒやフィリップ・グラスの「ミニマル・ミュージック」から発展した面もある。テクノ・ミュージックとはドイツ，デュッセルドルフのグループ，クラフトワーク（Kraftwerk）や日本の音楽ユニット，イエロー・マジック・オーケストラ（YMO）の音楽などを指している。さらにその起源をたどると，カールハインツ・シュトックハウゼンに至るが，専門的になるのでここでは名前を言及するに留めるが，電子音楽を始めたのはシュトックハウゼンだ（その技法は一方でビートルズに引き継がれ，もう一方ではテクノ，EDM に結実した）。

　さて，このテクノがその後独自に発展，展開し，ユーロビート（日本ではたとえば小室哲哉が有名）やレイヴ，ミニマルといったより広い意味での「テクノ」になった。そこにパソコン上で作る音楽（DTM：Desk Top Music）と，音楽を作るプラットフォーム（DAW：Digital Audio Workstation）が，たとえば「ProTools」，スタインバーグ社の「Cubase」，アップ

ル社の「Logic Pro」として誕生，そのアプリケーション能力を駆使することによって曲が作成され，より衝撃度が高いダンスミュージックを作ることが可能になった。さらに PIONEER 社や DENON 社製の DJ 機器も進化し，価格も大幅に下がった。

　このように，音楽としての1970年代以降の流れ，そしてパソコンなどの IT 機器が同時に楽器にもなるというかつてない現象があった。まさにその時期にヨーロッパにおいて「エレクトロ」と呼ばれる音楽が誕生し，一般的にも受け入れられやすい音楽ができる。それが2012年ごろのことだ。音楽は，CD の売上としてではなく，ミュージック・ヴィデオを通じてヨーロッパ，アメリカ，東アジア，東南アジアに瞬く間に放散，爆発的に広がった。以上が EDM が誕生する必要条件の最短の説明になるだろう。

　さて，このあと，以下の順番で EDM を提示してゆこうと思う。まず EDM の背景にある平和思想，ある種の「クンスト」でもある PLUR について。次にどのように EDM が拡散，放散したのか，そして超ビッグビジネスと成長したのか。フィールドワークを含め説明してゆきたい。そして最後に EDM の音楽的特徴について述べて，この論文のエンディングとしたい。

## 3　EDM の思想，PLUR

　音楽の背景に明確な思想があるというのは，音楽史上で珍しいことではない。確かにベートーベンのオペラ『フィデリオ』には啓蒙＝革命思想が，またボブ・マーレーのレゲエの背景にはラスタファリ運動が思想としてあった。だがしかし，それとは少し違う「思想」の形が存在する。それは EDM にある「PLUR」であり，生活や人生に根ざした考え方，思想がある。これは平和 (Peace)，愛 (Love)，統一 (Unity)，尊敬 (Respect) の4単語の頭文字を取ったもので，通常「プラー」(plʌr:) と音読みされる。この略号は，現代の欧米の EDM の聴き手には浸透していて，PLUR をロ

ゴとしてTシャツやキャップに付けている人を海外のコンサートやフェスティヴァルでは見かけることもある。

　こう書くと，そういう概念はあるのかもしれないが，それはあくまでも概念上のものだけではないかと疑われるかもしれない。しかし，この概念が現実に機能している。

　たとえば私がこのことを深く知ったのは，2016年3月のアメリカ，フロリダ州マイアミにおける通称ウルトラ（Ultra Music Festival）という音楽フェスティヴァルにおいてである。この音楽祭（フェス）は3日間で20万人以上を動員する巨大なもので，ステージが全体で六つある大規模なものだ。ざっと観客のほぼ7割が男性で，30歳代が中心だ。マイアミ市はこのフェスを支援していて，文字どおり世界中からEDMファンが集まる，そういうコスモポリタン的なフェスティヴァルである。個人的なことになるが参与観察として記述する。

　フェスティヴァル初日のまだ陽も明るい夕方，私が会場に行きボディーチェックを受け，フェスティヴァル会場内部に入ってみると，経験したことがないフレンドリーさ，気さくさをすぐに感じた。それは同じ音楽を好んでいるということによる観客の一体感であることが徐々にわかってくる。また観客はオープンな精神を持ち，また社交的であり，いろいろな人が私に話しかけてくる。

　ブラジルから来たという男性5人組，ニューヨークから来たEDM好き，地元フロリダのヒスパニック系グループ，といった人々が，気軽に挨拶してちょっとした会話をし，ともに自撮りをしては別れてゆく，というなかなか予想しにくいことが自分の周囲で起きた。このようなことは夜では照明が暗いので起きないが，昼間の暑い時間帯では日常である。このオープンな雰囲気や行動は，YouTubeなど動画サイトでフェスティヴァルを見ているだけではわからないだろう。

　観客はみな同じようにテクノやエレクトロ，EDMといった音楽ジャンルを愛し，この機会を貴重なものとしてとらえている。日本でのコンサー

2016年3月，Ultra Music Festival，2日目。Deadmau5のステージで，観客が国旗などの旗を振っている

トやライヴでしばしばあるように，最前列を目指して人を押しのけるようなことはなく，個人がそれぞれ好きなやり方で踊っている。シャッフル（ダンス名）で踊る人あり，単純に身体を左右に動かす人ありと様々で，相互に尊重されているのがわかる。とても快適で，気持ちがいい空間が作られているのだ。これは私だけではなく，フェス経験者に訊くとみな一様に同じこと

2016年3月，同フェスティヴァルでのワンシーン

1 PLUR：カントの「思想」とEDM 7

を言う。同じヴァイブス（vibs）（と呼ばれる）を感じ，音楽の揺れを共有しているというのだ。つまり上記のことは個人的な体験ではないと思われる。観客は政治的にはリベラルであることが多く，政治的な主張をする人もいる。

　このPLURをもった観衆が，政治的な活動，たとえば示威活動やデモを行うかというと，そこまでのことはしない。佐藤卓己氏が書くような「ファシスト的公共性」まで展開してゆく兆候は今のところない。

　このマイアミでのフェスティヴァルは，2018年でちょうど20回目を迎えたが，EDMというジャンルは完全に定着し，安定的な音楽内容をもつものになったと断言していい。そこに，ハウスミュージックを発展させたフューチャー・ハウスやトランス，フューチャー・ベースやダブステップ，ドラムンベース（すべてテクノ音楽のサブジャンル名）などを鳴らすDJが登場した。EDMはこのフェスティヴァルだけではなく，膨大な数があり，先ほど書いたように一般的な音楽の1つのジャンルを構成している。

　またこのフェスは，マイアミ市にとっては，文化政策の一翼を担っている。この期間の前後はマイアミのホテルは満室になるか，価格が大幅に上昇する。つまり超大型クルーズ船が5隻停泊したり，野球やアメリカン・フットボールの地元チームがポストシーズンに進んだりするのと同様の位置づけなのだ。マイアミの主要新聞（『マイアミ・ヘラルド』が有名）は，このウルトラの開催を一面で扱っているし，警備の警官が大量に配備され，英語とスペイン語の両方を話す男女警官は観光案内役も行っている。このフェスの模様の一部はライヴでYouTubeを通じて無料配信され，ネット環境さえあれば世界中のどこでも楽しめるようになっている。実際文字どおり「世界中から」書き込みがある。

　　音楽とは聴覚の感覚の合法則的な戯れなのだが，これを聴くと生命感
　　覚は言葉に表せないほど生き生きとあらゆる風に感動させられるだけ
　　でなく，またさまざまに生きる力を鼓舞されるのであって，それゆえ
　　音楽はいわば（概念をいっさい抜きにした）むき出しの感覚の言語であ

る。(カント全集15巻 [2003] 65頁)

さて前述の PLUR であるが、この略語を作った人がいる。それがニューヨークを中心にして活動する DJ フランキー・ボーンズ (DJ Frankie Bones)、その人だ。テクノから発展した「レイヴ (rave)」という音楽が1990年代にヨーロッパとアメリカに広がるが、その際にフランキー・

「マイアミ・ヘラルド」の紙媒体トップページ。「集団的意識」とユングに掛けているリード

ボーンズが名づけたものだとされている(彼が使ったのは1993年)。またこの略語はネット文化から生じたという説もある。レイヴ文化の基本として、クラブに通う人たちの守るべき基準であり、レイヴのなかでの社会的な公準を圧縮して述べたものだと言える。ある種の義務(論)的なものとみなしていいだろう。

フランキー・ボーンズはすでにアイデアとして広まっていた PLUR を公共の場で使い、記憶されている初のケースとされているのであり、それ以前からレイヴカルチャーには当然のように広まっていた。

レイヴとは、大規模の「パーティー」であり、1990年前後のイギリス、そしてドイツに広まってゆく。この文化はテクノから発展した音楽を持ち (トランス)、クラバー(クラブによく通い、クラブを愛好する人)やレイヴァーを生んだ。イギリスではドラッグ使用の懸念から取り締まられたが、ドイツ、特にベルリンでは解放の音楽として、その「トランス」が受け入

れられた。最盛期には30万人が週末にベルリンのウンター・デン・リンデン通りに繰り出した。現在でも，このレイヴのような巨大なパーティー，あるいはフェスティヴァルは，たとえば Creamfields（UK，マンチェスター郊外）に受け継がれている。ここでは20万人以上の参加者がいて，その多くが会場近くにテントを設営し，そこで友人たちと終日過ごすのである。「自然に回帰」する運動とも言えるし，「サマー・オブ・ラブ」（ヒッピー・ムーヴメント），「セカンド・サマー・オブ・ラブ」（1980年代後半のダンスムーヴメント）が継承されたものでもある。日本のフジロック・フェスティヴァルも，この傾向を部分的に受け継いでいるものだと言えるだろう。

## 4　EDM の政治思想

　EDM の政治思想は，「リベラルな」ものであると言っていいだろう。ただ断定は禁物である。リベラルさへの根拠をいくつかあげよう。上記のレイヴが，「解放」を目指しているとすると，EDM では，より個人的な PLUR を行動の原理としている。気さくに誰とでも話す，というのは海外ではしばしばあることだが，そのような人間関係を日常のこととみなしている。

　2016年では，著名 DJ が率直に「トランプには投票しないよな」とライヴ中に言って，場を盛り上げていたし（当然，「そうだ」という雰囲気），トランプ政権反対を叫ぶ人もたまに見かけた。しかし政治性を表に出さない聴き手，DJ が大半ではあった。それは敵意を持たない，相手を尊重する，リスペクトするという考え方から来ているかもしれない。

　別の例を挙げよう。EDM が EDM になったのは，2012年，あるいは2013年と考えてよい。そのきっかけになった曲はいくつかあるが，ここではニッキー・ロメロ（Nicky Romero）の「トゥールーズ」をあげるのが相応しいだろう。ロメロ作曲のこの曲の PV（プロモーション・ヴィデオ）は，アノニマスのシンボルにもなったガイ・フォークスの仮面が全面的に流さ

ニッキー・ロメロの MV『トゥールーズ』より。運動がバイラルに拡がってゆく

れる。映画『V・フォー・ヴェンデッタ』(ウォシャフスキー兄弟〔当時〕脚本、ワーナー・ブラザース、2005年公開) に使用された元はアラン・ムーアのコミックの仮面、それがヴァイラルに広がってゆく、という動画である。PV の最後は夢オチになってはいるが、しかし、このガイ・フォークスの運動が拡散されてゆくことを示唆している。

　もう1本 MV を紹介をしておきたい。これも「広義の政治思想」だからだ。それも現代に特徴的な。

　現在の DJ には2種類あり、従来の、各種の音楽を滑らかに繋いでゆく DJ と、自作の曲を提供し、その「ヒット曲」を入れながら、1時間程度のライヴを行う DJ がいる。圧倒的に人気があるのは後者のほうである。この後者の DJ 2人組で、「ザ・チェーンスモーカーズ」というアメリカの DJ がいるが、2016年に "Closer" という曲が爆発的にヒットをした。この曲の MV は、男女2人が出てくる恋愛ものではあるが、それぞれがいかに孤独であり、また生活がうまくいかず、所得も低いことが歌われている。

　一般的に、EDM フェスティヴァルの入場料は安くはない (ドル換算だ

1　PLUR：カントの「思想」と EDM　　11

と1日120ドルくらいが標準)。それもあって，フェスに集まる観客は中産階級以上であると言えるし，おそらくほとんどが失業をしていない。VIP席のチケットは購入可能で，その3倍程度の価格である。日本のフェスティヴァルでは学生もいるようだが，海外では社会人がほとんどである。しかし，この観客は，この"Closer"のような歌詞を好んでいる。いかにもSNS時代の孤独感なのかもしれない。

　歌詞の内容を具体的に紹介すると，男女の恋愛の歌で，別れた2人が4年ぶりに再会する。しかし，再会はうまくいかないことを暗示している。リーマンショック後，経済的にも快調ではないように受け取れる，その中で孤独を打ち消そうとしている，そういう歌詞だ。

　商業的な面も見ておこう。中産階級以上が集まっていることもあり，いまのフェスティヴァルには協賛企業がまず何社か入っている。アルコールドリンクを含む飲料系が主だが，オーディオメーカーなども参加している。EDMフェスティヴァルは完全に商業化しているのである。有名プロモーターや広告企業が主催し，もともとの精神を保ちながら，決まったメーカーの飲み物を飲むという仕組みになっている。また会場でマリファナなどのドラッグも使用されることが多い。しかしそれでもPLUR自体が消えてゆかないことに驚くべきだろう。

## 5　海外でのフェスとコスモポリタニズム

　いまや世界的な現象になりそして落ち着いてきたEDMだが，莫大な利益を生み出しているのは有名かもしれない。DJには人気ランキングがいくつかのウェブ雑誌で付けられていて，もっとも年収が多いのはカルヴィン・ハリスで日本円で80億円程度を稼いでいるとされている。経済誌『フォーブス』が毎年所得のランキングを掲載している。ベスト10のDJでも数億円の年収である。グローバルにEDMが広がったことで，このような現象が起きたのだろうが，DJ機器とDAW価格の低下で，才能と拡散す

る能力と運があれば突如として有名DJになることは可能だ。

　このDJたちの主な活躍場所は，フェスティヴァルと音響のよいクラブである。有名なフェスティヴァルはいくつもあり，どの視点で考えるかによる。たとえば，2017年にシンガポールに初めてUltraが進出した。実際そこに行ってみると，PLURはほとんど感じられず，著名なDJにだけ反応する観客が見受けられた。EDMがヨーロッパ，とくにアムステルダム周辺とスペインのバルセロナ対岸の島，イビサで生まれたことを考えると不可避なのかもしれない。アジアではPLUR自体がおそらく知られていない。ある音楽がグローバルに広がってゆくとき，発祥地，つまりローカルな土地で理解されていた常識や前提が消去されるのは必然的なのだろう。

　これらのフェスでほぼ必ず行われることがいくつかあるが，そのひとつは少なくない観客が国旗を掲げることである。もうひとつはチャントだ。これは自分が世界のどこから来たかのひとつの指標になる。もちろん「スターズ＆ストライプス」や「日の丸」「太極旗」と行った国民国家を代表している旗を掲げる人やグループもいるが，サッカーチームの旗であったり（たとえば，バイエルン・ミュンヘンやマンチェスター・ユナイテッド），地域の旗である（たとえばカタラン＝カタルーニャ州の旗やイングランドの旗）こともあり，その人たちのアイデンティティを表している。独自にデザインした旗を掲げる人も稀にいる。これを見ていると「世界市民」という言葉が空想上，架空のものではないことがわかる。それがフェスティヴァル会場内だけのこととはいえ。

　また，DJは一緒に歌う（チャントと呼ばれる）ことを観客に要求する。とくにヒット曲を歌うように促される場合もあるし，また1980-90年代の有名曲，ユーリズミックスの"Sweet Dreams"（きわめて定番であり，EDMには欠かせない曲と化している）やジャネット・ジャクソンの"GO Deep"，また自分以外のDJ作曲の曲を流す。その曲に歌詞があれば，一緒に歌うように促されるのである。シンガポールでは，歌詞はおろか，曲自体を知らないように思える人が多かった。これは音楽のリテラシーであ

2018年4月のS2Oソンクラーン・ミュージック・フェスティヴァルでの水撒き。観客はずぶ濡れになる

る。日本の場合はこのリテラシーは相対的に高い。とても高いと言ってもいい。たとえば2018年5月，千葉県幕張で開かれたEDCフェスティヴァルでは英語歌詞をチャントするシーンが見られた。おそらく20代，30代の人たちはShazam（音声から曲名を検索するアプリ）やYouTubeで曲を検索し，実際によく聴いているのだろう。

　また，2018年4月にタイ，バンコク郊外で行われたS2Oフェスェスティヴァルの場合は，事情が違っていた。

　このS2Oソンクラーンフェスティヴァルには珍しい特徴がある。タイでは旧正月に当たる時期に水掛け祭があるのだが，そのローカルな文化をEDMにリンクさせ，1万人弱の観衆に大量の水を撒くという祝祭的なものがそれだ。バンコク市北東部の会場でも中国，日本，韓国，タイ，マレーシアなどの旗が大量に振られ，東，東南アジアからの多数の観衆が集まっていることがわかる。とくに中国の場合は，出身地が書かれていることもあった（たとえば「成都」）。実際，多くの言語が飛び交っていて，私が

たまたま話したのは，カナダ人やオーストラリア人であり，彼らは地理的な距離に関係なく参加していた。踊っていると体温は上昇し，そこにやや暖かい水をシャワーのように撒くのは「合理的」ではある。2018年で4年目の比較的新しいフェスティヴァルである。

　このEDMの出発点になったのは，前述のようにアムステルダムとイビサ島であると言われている。また，シカゴも忘れてはならない。この部分についても書いておきたい。アムステルダムは，クラブの数が非常に多く，それだけテクノやエレクトロミュージックに対する需要も大きい。DJの需要もあり，とくにオランダやスウェーデン出身のDJが大量にデビューし，チャンスを摑んだということだ。もちろんこれだけでは回答にはなっていない。なぜアムステルダムにクラブ（踊る目的に特化したダンス会場）が多いのか。それはアムステルダムが持つ自由さや音楽に対する寛大さも挙げられるだろうし，ヨーロッパのほぼ中心に位置するという地理的な特性も条件にはなるだろう。もちろん流行が勃興し始めるのは，アムステルダムでも，ロンドンでも，ブリュッセルでもよかった。しかし，自発的にアムステルダムからこの巨大な動きは起こった。ドラッグ文化が公認されているということもあるかもしれない。

　またよく話題にされるイビサ島（バルセロナから飛行機で40分ほど）も，その意味では似ている。1980年代からの「セカンド・サマー・オブ・ラノ」の伝統を持ち，夏になると主要なクラブ6つがフルに稼働する，そういうリゾートである。それはマヨルカ島でもあり得たし，バルセロナ自体でもあり得た。

　実際にイビサ島に行くと，すでに開発が進んでいて，一部は超富裕層向けのマンションができ始めている。道路もだいぶ整備されてきた。音は日本のクラブの方がよいこともあるが，来ている観光客は，クラブで踊るのが主目的だ。ここのクラブは比較的小規模なものが多く，DJとしてはアムステルダム同様に音楽的実験が可能かもしれない。700人程度のキャパシティーを持ったクラブは，DJにはプレイしやすいと容易に想像がつく。

もちろん，EDMの流れ，トレンドはこの2ヵ所からだけ生まれるのではない。たとえば，「フューチャー・ハウス（Future House）」と呼ばれる「ハウス・ミュージック」の発展系サブジャンルは，フランス出身でパリを基盤にしたTchamiというDJなどから生まれているし，Bass Houseと呼ばれるサブジャンルは，Jauzなどカリフォルニア（L.A.）を地盤にしたDJから生まれている。それ以外にもシカゴは忘れてはならないだろう。このように世界の音楽の「主流」は，いまや特定の場所に誕生するのではなく，相互の距離を乗り越えて展開している。

## 6　EDMの音楽的な特徴

　最後に，EDMの音楽的な特徴を挙げておこう。音量が極めて大きく，暴力的ですらある音が出るし，またそのような強い音が好まれていることである。

　テンポ（BPMと呼ぶ）は速めであり，128前後であることが多い。速度はキック（以前バスドラムと呼ばれていたものに相当）で作られることが多く，4つ打ちが普通である。つまり1小節の中で4回キック音を鳴らす。アルペジオ（分散和音）が入ることも多く，これは自動的に生成可能だ。以前のテクノであれば，シーケンサーを使っていた部分だ。

　また各種のノイズ，通常なら雑音とされるものも必ず入る。とくにライザー（音程が滑らかに上昇してゆくノイズ）が代表的だ。スネアを16分音符，32，64分音符というように細分化させて打つことも通常だ。またベース音だが，ディストーション（音を歪ませる）を強めに掛けてより衝撃を強めることもよく行われる。また，各種の音にフェイザー（位相を変える），フィルター（音を籠らせる）といったエフェクターを掛ける。その場で簡単に変化を掛けられるよう技術は発達し，また使用しやすくなっているので，音楽のダイナミクスを作成しやすい。つまり踊りやすい。

　EDMの上記の大きな特徴は，このようなエフェクターや，DAWにイ

ンストールされているシンセ音がすでに強い音，またざらついたノイズ的音が多く，強いインパクトが聴き手の精神を高揚させ，観客（EDMer）に一体感を呼び起こす。また音の強さ，主に音量と音色によってどこを聴いたらいいのかが，音楽にさほど詳しくなくてもわかりやすくなっている。

また，DJ としての機能も大きいだろう。DJ はある種の共同体を構成し，自分が作った楽曲が，ライヴでリミックスされてゆくことをいわば公共的なリソースとして許容している。DJ は，非常に人気がある曲をクラブやフェスティヴァルで使えるのである。オランダ系の DJ も「ケチ」であることをやめ，公共性に貢献している。観客としては，初心者であってもどこかで耳にした曲がライヴ内で流れやすい状況が生まれている。その人がその曲を気に入り，アプリで曲名を検索し，あとで Spotify などのストリーミング，また YouTube その他の動画サイトで日常的に見聞きするという循環が起きる。これも音楽のシステム上の特徴であり，EDM の「クンスト」であろう。貿易戦争の中，世界市民は確実に誕生し広がっている。

## 参考文献

"dancecult", Journal of Electronic Dance Music Culture, volume 7, number 1, 2015.
多木浩二著，今福龍太編 [2013]，『映像の歴史哲学』みすず書房。
カント，イマヌエル，渋谷治美訳 [2003]，「実用的見地における人間学」『カント全集（15）』岩波書店。

［国際政治論・音楽社会学＝上智大学非常勤］

# 2　平和と音

　　現代音楽からの若干の示唆

　　　　　　　　　　　　　　　　　　　　　　　　長谷川貴陽史

　は じ め に

　平和とは何か。たんに戦争がない状態のことであるともいえる。だが，多様で異質な主体が共存する状態であるとも考えられる。
　音楽とは何か。音色，音高，強さ，長さ，リズムなど音の諸要素の組み合わせであるともいえる。だが，人々がコミュニケートするための媒体(メディア)であるとも考えられる。
　平和と音楽とはいかに関わりうるか。音楽は，多様な主体が共存するための媒体となりうる。音楽という行為実践が，来るべき社会関係のモデルを暗示する場合もある。
　本稿は，4名の現代音楽の作曲家の作品及びその実践活動の一部をてがかりに，あるべき社会関係のモデルを探るささやかな試論にすぎない。かれらは調性のある民謡などを素材として民衆の共感の基盤を作り，あるいは非専門家を音楽活動に参加させ，現代音楽の非専門化を図った。とりわけジェフスキー，カーデュー，高橋は1970年代に政治的含意をもつ作品を作り，マルクス主義や毛沢東思想を基盤として体制を批判した。かれらが「政治化」した背景には，米国の公民権運動，ヴェトナム戦争と反戦運動，プラハの春，チリのアジェンデ政権の成立とクーデタによる挫折，文化大革命などの政治状況があったと考えられる。[1]他方，野村の作品や活動には

政治性は希薄である。本稿では，4名の作品や活動に触れたのちに，文学理論や法律学，政治理論における市民・民衆の再発見の動向について瞥見する。

なお，戦争の悲惨さを描き平和を希求した作品や実践はほかにもある[2]。しかし，本稿は異質な人々の共存としての平和構築のモデルを探るために，政治的実践と関係する作品や活動に注目した。また，たんに政治的な作品を書いたというだけではなく，前衛的技法から離れて音楽的実践を行った作曲家をあつかう[3]。

# 1 ジェフスキー「『不屈の民』変奏曲」(The People United Will Never Be Defeated!（1975））

第1に，米国の作曲家フレデリック・ジェフスキー（Frederick Rzewski, 1938-）である。かれは1970年代以降，政治的メッセージを含む作品を作曲してきた[4]。「『不屈の民』変奏曲」（1975年）はチリの革命歌 "¡El pueblo unido, jamás será vencido!"（1973年）に基づくピアノのための36の変奏曲であり，かれの代表的作品である。素材となった革命歌はチリの作曲家セルヒオ・オルテガ（Sergio Ortega）が作曲し，チリのフォルクローレ・グループであるキラパジュン（Quilapayun）が作詞した。1960年代後半以降，チリでは民謡を収集し，歌によって体制批判を行う「新しい歌」運動が興隆し，キラパジュンもその一翼を担っていた（浜田 [1976] 23-37頁）。「不屈の民」は選挙によって成立した史上初の社会主義政権であるサルバドール・アジェンデ（Salvador Allende）を支持する歌として有名になった。周知のように，アジェンデ政権はアウグスト・ピノチェト（Augusto Pinochet）の1973年9月11日クーデタによって倒壊した。

同曲の第13変奏曲ではイタリアの革命歌「赤旗（Bandiera Rossa）」（1908年）が，第26変奏曲ではB.ブレヒトとH.アイスラーの「連帯性の歌（Solidaritätslied）」（1931年）が引用される。つまり，チリにとどまらず，時代

や地域をこえて革命運動，社会主義運動への共感が示されている[5]。

　ジェフスキーは革命歌を主題とすることにより，民衆や労働者への接近を試みた。このように大衆音楽とクラシックの要素とを統合することに，かれは将来の世界革命音楽の基礎を見出していた[6]。ただし近年のかれは，子守唄や民謡のような親しまれた楽曲には人間の脳が認識しやすい「型」が含まれていると想定したのだと語るようになった[7]。

　この作品はピアニストが高度な演奏技術を駆使して実現する音楽でもある。1時間程度の演奏時間に耐え，そこにアイスラーの引用を聞きとることができるのは一定の音楽的素養を持った階層にかぎられる。コンサート・ピアニストにとっては難度の高いレパートリーの1つにすぎない。また，この作品に聴衆の参加の要素はない。

　とはいえ，現代音楽の複雑性と民衆音楽の親しみやすさとを融合させ，かつ政治的メッセージをも伝達する点で，これは稀有な作品である。とりわけ見逃せないのは，民謡に依拠するジェフスキーの態度が，既存の共同体や社会構造に根差して新たな社会を構築するという，かれの政治構想と結びついている点である。

　「二〇世紀の革命家の誤りのひとつは，また私たちもそこから学ばなければならないのだが，革命的な社会は先行する社会とまったく異なるものだと思い込んでいたことだ。それに対して，私は，未来の社会のモデルは今あるところに見つけることができるはず［だ］し，そうしなければならないと思っている。だから，共産主義社会を築き上げたいのならば，古い社会の土台を壊すことなく，しかし，何百年，あるいは何千年もの間，例えば家庭や村落などで実践されてきた共産主義の例を見つけ，それに基づいて進めていくべきなんだ。知的で前衛的な，例えばロシアのボルシェヴィキなどとは違い，ものごとを破壊することからではなく，その逆に広げていくことから始めるんだ。初期の革命運動の根源に戻って，どこで間違えてしまったのかを学ぶべきなんだと思う」（ジェフスキ＝高橋［1999］57頁「ジェフスキ発言」）。

革命によって国家を転覆するのではなく，慣れ親しまれた伝統的な行為実践に依拠して別の社会を構築する。人々に歌い継がれるフォーク・ソングを基礎とした「『不屈の民』変奏曲」も，そうした政治的構想と通底する作品であると解しうる。[8]

## 2　カーデュー「ブーラヴォーグ」（Boolavogue（1981））

　第2に，英国の作曲家コーネリアス・カーデュー（Cornelius Cardew, 1936-81）である[9]。かれはカールハインツ・シュトックハウゼン（Karlheinz Stockhausen）に師事し，当初は前衛的音楽を作曲した。ただし，1969年にはモーリー大学における「実験音楽」講義から，実験音楽集団「スクラッチ・オーケストラ」を結成した。これは専門家と非専門家とが参加し，即興音楽を生み出す集団であった。とりわけカーデューの「スクラッチ・ミュージック」は，非専門家による音楽参加の方法論となっている（後述する野村誠の「しょうぎ作曲」と類似する部分がある）。

　スクラッチ・ミュージックでは，各メンバーがノート（スクラッチブック）を用意し，無限に連続して演奏可能な「伴奏」を作曲する。伴奏は「ソロ」を「ソロ」として鑑賞させることを可能にするものである。「伴奏」はことば，グラフィック，五線譜，コラージュなど何でもよい。ただし，1日に1つ以上の「伴奏」を作ってはならない。最後に作られた「伴奏」は「ソロ」の資格をもつ。メンバーはお互いの作品を演奏しあう（Cardew［1974］p.12）。

　スクラッチ・オーケストラはスクラッチ・ミュージック以外にも，ポピュラー・クラシック，即興儀礼（Improvisation Rites），作品などの諸ジャンルを演奏するものとされていた。だが，このオーケストラは内部になおエリート主義や専門家主義を抱えており，内部対立のすえ，1972年までに解散した。

　カーデュー自身は1970年代からイングランド共産党（the Communist

図1 スクラッチブックより（Bryn Harris による），Cardew［1974］p.64

Party of England［Marxist-Leninist］）に所属していたが，1979年には英国革命共産党（Revolutionary Communist Party of Britain［Marxist-Leninist］）の共同創設者となり，左翼政治活動に傾斜することになる。小杉武久による1972年のインタビューの中でカーデューはいう。

「社会革命なしに音楽革命はできません。まず社会革命がおこってから，文化や政治のような上部構造がその結果変革される，ということです」

「毛沢東主席は，中国人民の三つの主要戦線は階級闘争，生産闘争（つまり生活水準の向上），そして科学実験であり……音楽が科学実験の意味で実験的であるかぎり……それはよいものです」（小杉［1976］71，74頁）。

『ピアノ・アルバム 1973』のプログラム・ノートでカーデューはのべる。

「私は多くの理由から，前衛的技法による作曲をやめた——前衛音楽の排他性，分裂，今日の現実の世界情勢に対する無関心，個人主義的な態度，そしてとりわけその階級的性格のためである……。私は，芸術を独創的で神々しい霊感に溢れた天才の作品であるとみなす，ブルジョアの理想主義的な考え方を拒絶してきた。［むしろ］芸術とは社会の反映であり，階級社会において支配階級の思想を普及するものだとみなす弁証法的唯物論者の思想を展開してきた。支配階級が明らかに悪質で腐敗しているこの時代には——これが最後の腐敗であるにちがいないが——［階級］意識にめざめた芸術家たちが，支配階級の構想に抵抗する方法を——そして政治権力を掌握するために立ち上がった被支配階級や人民の力強い闘争を自らの芸術に反映させる方法を——生みだすことこそ急務である」。

そのうえでかれは問う。「どんな音楽的素材を利用できるのか？ど

んな音楽的ソースや伝統に基づいて仕事をすべきなのか？ ［音楽が］いわゆる『教養のない』広範な大衆にも近づきやすいものでなければならないとすれば，音楽的素材はどんなスタイルで提示されるべきなのか？ (Cardew [1991])。

1974年，カーデューはシュトックハウゼンらを批判する著書『Stockhausen Serves Imperialism』を出版する。同書はダルムシュタット楽派の先頭にいたシュトックハウゼンを帝国主義，ブルジョア階層に奉仕する芸術家として批判し，作品「ルフラン」(1959年) のもつ神秘主義が，労働者や抑圧された民衆の生きる現実を隠蔽していると批判する。

こうした探索と批判のすえに，カーデューは英国の民謡を素材とした親しみやすい作品を生み出すようになる。遺作「ブーラヴォーグ」(1981年) は2台ピアノのための作品であり，全3楽章からなる。第1楽章の主題は1798年アイルランド蜂起の革命歌であり，第3楽章の主題は19世紀後半の炭鉱ストの闘争歌「ブラックレグ・マイナー (Blackleg Miner)」である。後者は1844年の炭鉱のロックアウトに起源があると考えられている (Amos [2012], p.289)。親しみやすい革命歌や闘争歌を素材にする方法は，ジェフスキーの「変奏曲」が革命歌を引用する方法と同じである。カーデューは上記作品の3つの楽章について，「民謡 (folk material) をクラシック音楽の技法で処理したもの。それらはとりわけ国家の抑圧と賃金奴隷的な労働制度の野蛮さとに対する，労働者の戦いの情熱と衝動とをあらわす」と解説する (Cardew [1994])。

ただし，この曲も親しみやすいが高度な演奏技術を要するコンサート作品であった。

# 3　高橋悠治――水牛楽団

第3に，日本の作曲家，高橋悠治 (1938-) である[10]。かれは初期にはギリシア＝フランスの作曲家イアニス・クセナキス (Iannis Xenakis) の影響

を受け，グラフ理論や確率論を応用した作品を発表した。しかし，高橋は1970年代半ばから，カーデューがシュトックハウゼンを批判したように，自らの友人であり音楽的協力者でもあった武満徹を政治的に批判し，日本の伝統楽器を用いた作品を批判した[11]。そして高橋はカーデューと同様に，政治に結びついた音楽活動を模索しはじめた。

1978年，かれは非専門的音楽集団である「水牛楽団」を組織し，「血の日曜日事件」（1976年10月6日）以降に活動を縮小させたタイの学生バンド「カラワン楽団」の抵抗歌を歌い継ぐ活動を開始した[12]。水牛楽団の活動には，タイの抵抗運動をはじめとして，世界各地の民衆運動を支援するという政治的意味があった。このために，かれらはコンサート・ホールのみならず政治集会でも演奏活動を行った[13]。

もっとも，水牛楽団は非専門家を含む演奏家がケーナ，タイコ，ハルモニウム，大正琴といった簡素な楽器によって自発的に不揃いなリズムをもつ音楽を生み出す，現代音楽の実験の場でもあった。ここには素人が社会運動の現場で楽曲を演奏するという，現代音楽の徹底的な非専門化・民衆化がみられる。専門家＝作曲家が書きとめた難解な楽譜を，高度な技術を持つ演奏家が解釈するのではない。むしろ素人である演奏家が集まって音楽をすることが目的であり，作曲家は素材の提供者にすぎない。

同時に，そこでは演奏者が均質な時間や空間から解放され，自発的に音楽という行為実践に専心することが期待される[14]。水牛楽団の活動は最終的には政治的なメッセージを含まないことばあそび，ささやかだがのびやかな共同演奏の実践に行きつく。政治的役割を終えた水牛楽団は1985年に解散する。

行為実践について付言すれば，高橋は柄谷行人との対話の中で，音楽が──ひいては行為実践一般が──特定の理念や構造に回収できないことを強調している。この指摘は，異質な他者と共存するための手がかりにもなるだろう。

「音の構造というのは，音が出てしまったあとの分析から言えることな

んで，音を出す瞬間に何が起こっているのかというと，これは全然別のことなわけ。ただ，行為というのは，その場限りのものというんじゃない。行為こそ伝承されてきたわけでしょ。伝承されるということは，理念とか構造とかで総括することは簡単にできない。それをしようと思えば，必ず抽象化していくわけで，抽象化していくために，空間とか時間とかいうものを先に想定して，その中ですべてのことが起こる，理念が先にあってそれを統整する，そういうような感じになるわけ。……だけど実際は，例えば手で何かを作るというときには，手の動きそのものは，必ずしも脳に還元されないわけね……例えば二人の人間がいて，話し合って理解しているときに，意味が分かって共感しているんじゃないということがあるでしょ。じゃあ，それは情緒的なものかと言うと，そうは言えない。二つの身体が出会って，そこに何かが起こっている。それをどういうふうに理解するのかというのが肝心なんじゃないか」（磯崎ほか［1995］125頁「高橋発言」）。

　こうしたコミュニケーションのとらえかたは，理性的討議を中核としてコミュニケーションを把握するユルゲン・ハーバーマス（Jürgen Habermas）とは異なる（Habermas［2014］）。つまり，理性や理解を前提とせずに個人やその身体が共感しあう可能性が指摘されている。後述するように，この発想はジュディス・バトラー（Judith Butler）の政治的実践に関する理解——身体の複数性への着眼——とも接点をもつように思われる[15]。

## 4　野村誠——しょうぎ作曲

　第4に，日本の作曲家，野村誠（1968-）である[16]。かれは独学で作曲を学び，「しょうぎ作曲」と呼ばれる作曲法を開発する[17]。これは複数の素人が将棋を指すように，即興でメロディを継ぎ足して作曲する集団即興的な作曲様式である。

　ウェッブ上で公開されているしょうぎ作曲の方法の概要は，次のようなものである[18]。「『しょうぎ作曲』は異なる音楽的背景をもつ様々な人々が共

同作曲を行う方法の一つです。テーブル上のカードで遊ぶようなものです。数名のプレイヤーがテーブルに集い，カードで遊ぶ代わりに次々に短いパッセージを作曲します」。

　作曲には少なくとも2名（3〜5名が適当）の演奏者が必要とされる。演奏者は各自，楽器や音の鳴る物を用意する。楽譜を書くことは必要だが五線譜は不要であり，不要なカレンダーやポスターなどと，色鉛筆（ペン）があれば足りる。各演奏者は自分の色を1色決め，常に同じ色で楽譜を書く。方法としては，まず作曲の順番を決める。最初の演奏者は自分の楽器で短いフレーズを作曲し，それを紙に書く。その紙を次の演奏者に渡し，自分に順番が戻ってくるまで作曲したフレーズを繰り返し演奏する。第2の演奏者は第1のフレーズに合うフレーズを作曲し，演奏を始める（以下同様）。第1の演奏者に紙が戻ってきたら，彼／彼女は演奏を止め，他の演奏者の演奏に合う新しいフレーズを演奏し，それを紙に書く（以下繰り返し）。紙に書きつけるスペースがなくなるまで，休みなくこのプロセスを続ける。各フレーズは同じ長さでなくともよい。紙に書けなくなったら，作曲は終了する。

　ここでは作曲者と演奏者とが同一の主体となり，両者の間にヒエラルキーを作らない。演奏者どうしも対等な関係となる。自分の順番が回ってくるまでは自分のフレーズを演奏し続けなければならないから，自分の作曲に向き合うと同時に他人の演奏に耳を傾けざるを得なくなる。この方法はカーデューのスクラッチ・オーケストラと類似しているが[19]，「伴奏」と「ソロ」という区別はなく，プレイヤーが交互に作曲を続ける点でも異なっている。

　　しょうぎ作曲の特長は，機会が均等に与えられるところだ。反応が遅くても主導権を握ったりはできない。作曲の経験が豊富な人と，音楽なんて大の苦手だという人の間に，上下関係は存在しない。子どもも大人もプロも素人も，みんな対等なのだ。（中略）もう一つ，参加者同士のヒエラルキーを作らないために，「他の人の作曲に一切口出

しをしてはいけない」，というルールを考えた。(中略) 即興演奏や，これまでの共同作曲では，アイディアを次々に思いつく人が，主導権を握り，それにより音楽が展開することが多かった。ところが，しょうぎ作曲では，アイディアを次々に思いついても，順番を待たなければならない（野村［2015］87-88頁）。

　野村は小学校や老人ホームでも共同作曲を行っている（野村［2006］）。音楽の主体は素人となり，作曲家は創造活動の方法を提供する媒介者となる。

## おわりに

　テリー・イーグルトン（Terry Eagleton）は，近代の文学理論の発展において，作者，テクスト，読者へと関心が移行したと指摘した（Eagleton［1996］）。日本の民法学者である来栖三郎はこの指摘を受け，法律の解釈理論の重点も立法者から法律，解釈者へと移行したと指摘する。

　「要するに近代の文学理論の発展は，最初に作者，次にテクスト，最後に読者と，関心の移行したことである……それは法律の解釈理論の重点が立法者（立法者意思説）から法律そのもの（法律意思説）へ，それからさらに解釈者（裁判官の優位性の主張，延いては，それと合わせて弁護士を含めた訴訟当事者の役割の重視）へという発展と似ている」（来栖［1999］212-213頁）。

　ドイツ法を専攻する村上淳一は来栖のこの指摘を受け，現代社会においては解釈者にさらに市民が含まれると付言した。

　　現代社会においては次第に，市民一般が法的コミュニケーションの相手方として主役を演ずるようになっているのではあるまいか（それが，裁判への市民参加の現代的意味づけでもあろう）。これまでは，「法律における理窟と人情」（我妻）について語られる場合，「理窟」（フィクショナルな法律論）は法律家の専売特許であって，「人民」に通用

するのは人情論だという前提があったと思われる……しかし，現代においては，「人民」もまたフィクショナルな法律論に注目しているのであり，「人民」に理解されるような——実体法上の——法律論を展開する必要が生じているのではないか。（村上［1999］vii頁）[20]

法から政治に目を転ずると，近年，市民によるデモや公共空間の占拠など，議会外における市民の暫時的連帯と直接民主主義的行動が顕著になっている。マイケル・ハートとアントニオ・ネグリ（Michael Hardt and Antonio Negri）やバトラーは，こうした市民による集合体を「アセンブリ（assembly）」と呼ぶ（Butler［2015］, Hardt and Negri［2017］）。議会制民主主義の機能不全がその背景にある。世界社会フォーラムやウォール・ストリート占拠運動などもその例である。バトラーは選挙された議員を超え出る力をアセンブリに認めると同時に，民衆の身体のアセンブリそのものが表現であると捉える。ここでは高橋と同様に，身体とその運動，実践が重視されている。

　　おそらくこのようにいう方が適切だろう。［諸身体の］アセンブリは，何らかのことばが語られる前から既に何事かを語っているのであり，各人が寄り集まることによって，その集合は既に民衆の意思を定立／上演［enactment］しているのだ。（Butler［2015］p.156）

上述したように，現代音楽においては1970年代以降，非専門家を主体とする創造活動が模索されてきた。それは作品の素材として民謡や革命歌を用いる段階から，市民自身が演奏し作曲する地点にまで到達した。それは音楽による政治参加から出発した。そこには音楽が社会内部で専門分化し，一般市民の日常的感性から乖離したことに対する反動が含まれていた。法分野も同様に，高度に専門分化し，市民の日常生活から乖離している。政治はこれらとはやや異なるが，代議制を採用するために，やはり市民からは疎遠となる。マックス・ヴェーバー（Max Weber）の用語を借りれば，芸術・法・政治は人々がその原理を理解（Verständnis）できず，その機制を諒解（Einverständnis）できるだけのものになった（Weber［1985］）。

だが，現代音楽における実験の中には，多様な市民を主体とする社会構築のヒントが隠されている。左翼的色彩は次第に薄まったとしても，民衆を主体とし，社会の日常性を志向する態度は受け継がれている。こうした音楽作品や実践の中に，異質な主体の共存—平和—を可能にするための，政治や法の指針を見出しうる。現時点では以下の方向性が指摘できる。
　①社会領域の主要なアクターは，難解なテクストを解釈する専門家ではなく，素人の市民となる。専門家の役割は縮小し，非専門家である市民の自発的参加や暫時的連帯が重視される。
　②上記①を踏まえるならば，単純かつ平易で，市民の立場の対等性や平等性を確保できるルールや原則が必要となる。それらを記したテクストも，平易で簡便なものが求められる。
　③伝統的にうけつがれてきた文化や行為実践を踏まえ，新たな社会秩序を形成すること。伝統や歴史を無視し，民衆の中に根づいているものを破壊して一から秩序を構築することはできない。ただし，ethnocentrism に陥ってはならない（下記④）。
　④理念やイデオロギーではなく，身体の同調や行為実践が重視される。言語や理念，思想や信条が異なる他者と共存するためである。各人が異なる行為実践に従事しつつ，それを許容しあうこと，異質な実践を排除しないことが求められる。
　もちろん，以上は現代音楽の一部の作品や実践から引き出された抽象的な方向性にすぎない。音楽は言語を必ずしも用いないコミュニケーション様式である点で，法や政治とは大きく異なる。1970年代の政治状況と今日のそれとの間には懸隔もある。
　しかし，音楽もまた一つの社会領域であり，政治や法とは区別されながらも相互に影響を与え合う関係にある。したがって，音楽の内容や形式から，他の社会領域にも通用する方向性を抽出することは，一定程度は可能であると考える。

注

1 1970年代にカーデューやジェフスキー，高橋悠治が「政治化」した動向について，ウォルフ［1990］を参照。高橋自身も2003年のインタビューで「当時［1970年代］，われわれはマオイストか，少なくともある種の左翼ではあった」と語る。Schultz［2003］。
2 林光「原爆小景」(1958-2003)，クシシュトフ・ペンデレツキ「広島の犠牲者に捧げる哀歌」(1960) など。
3 前衛的技法を維持しつつ共産主義にコミットした作曲家として，ハンス・ヴェルナー・ヘンツェ，ルイジ・ノーノらが挙げられる。Harris［2013］pp.101-102。
4 ジェフスキーは米国マサチューセッツ州ウェストフィールド生まれ。ハーヴァード大学とプリンストン大学でヴァージル・トムソン，ロジャー・セッションズ，ウォルター・ピストンらに師事した。1966年には，アルヴィン・カラン，リチャード・タイテルバウムらと即興音楽集団「ムジカ・エレットロニカ・ヴィヴァ（Musica Elettronica Viva; MEV）」を結成した。ジェフスキーについて，高橋［1978］174-181頁。
5 ただし，林光は「赤旗」が引用されている理由について「古くから国際的に歌われてきたということのほか，1975年の反革命以後，チリ連帯委員会の本部がローマにおかれるなど，亡命者の救援や民主回復運動への国際的支援のセンターの役割りをイタリアの民主勢力が果していることにもあるように思われる」と記している。林［1991］。
6 「革命文化が既に数多くの想像的な方法で示したように，西洋音楽の要素は伝統的で大衆的な素材と組み合わされ，革命の文脈で革新的な様式を生み出した。同様に，西欧音楽も，最も進歩的な領域では，クラシック音楽の訓練を受けた作曲家には親しみのある洗練された手法で，大衆的スタイルの要素を統合する能力をもつに至ることが期待できる……こうして，将来の世界革命音楽の基礎が築かれるのだ」(Rzewski［1976］p.69)。
7 「私がこのアイディアに興味をもったのは，七〇年代のことだ。脳には，ある種のメロディの型を認識しやすくさせる遺伝学的な刷り込みのようなものがあるんじゃないかと思いついたんだ。人間の顔という，ある特定の幾何学的図形を認識するのを得意とする部分が脳にあるようにね……そこで，これが音響的なデータにもあてはまるんじゃないかというアイディアに興味をもったわけさ。例えば，子守歌や民謡を歌う母親の声は，脳に同じように作用するのじゃないかとね……もしこれが事実だ

ったら，民謡のメロディやそれに基づいたメロディが，何故二〇世紀の作曲家がよく使ったような十二音列なんかの抽象的な構造より認識しやすいか，説明できることになる。それで，私はそうした民謡をいじくり始め，ひっくり返したり，引き延ばしたり，音程を変えてみたり，異なる調や拍子と重ね合わせてみたり，いろいろしてみたわけさ。」ジェフスキ＝高橋［1999］48-49頁「ジェフスキ発言」。

8　ただし，ジェフスキにも非専門家の演奏への参加を認める「パニュルジュの羊（Les Moutons de Panurge）」（1969）のような作品もある。

9　カーデューはイギリスのグロスターシャー州ウィンチコムに生れた。カーデューの実験音楽については，ナイマン［1992］209-262頁。なお，藤島［1991］はカーデューの生涯を「セリーの時代」「即興の時代」「社会的な作品の時代」に三分している。遺作「ブーラヴォーグ」はこのうち最後の時代の作品である。さらに Harris［2013］をも参照。

10　高橋悠治は東京に生まれ，小倉朗，柴田南雄らに作曲を師事。桐朋学園短期大学作曲家中退。1966年に渡欧し，西ベルリンでクセナキスに作曲を学ぶ。1973年，日本の作曲家と「トランソニック」を組織。1980年に「水牛楽団」を組織した。

11　高橋は雑誌『季刊トランソニック』誌上で，作曲家たちに，音楽による「参加」は可能だと思うか，あなたはどのようなきき手のために音楽を作るかという質問を行った。武満は第1の質問に対しては「音楽による政治参加は不可能です。音楽がかりに政治的効用をもちうる場合，それは政治そのものであり，音楽ではありません」，第2の質問に対しては「どのようなきいて，という設問の意味，やや不明に思われます。プロレタリア大衆のために，とでもお答えしたら，設問者は満足なさいますか？」と答え，さらに「括弧でくくられた参加という移入概念がぼくはたいへん嫌いで，また特集のテーマとしてもやや時代錯誤に思われます」と回答した（特集［1975］27頁）。

　高橋は武満らの回答を，批判を付して紹介した。「現在の地点で音楽は非政治的なものであり，政治がそれを利用するときにそれは非芸術となるというかんがえ，自分の音楽活動は自分自身の私有であるとみなし，政治参加ということばさえ「こなれのわるい」輸入概念……として貴族的なケイベツをしめす態度は，たとえば中国やキューバの音楽家と比較するとき，たやすく日本帝国主義の心性をあらわにするのではないだろうか」（高橋［1975］5頁）。

12　水牛楽団の活動については，高橋［1981］，浅田・坂本［1984］，水牛

通信編集委員会［1987］などを参照。
13 「金大中を殺すな！政治犯救援コンサート」（1980年10月3日），「山谷越冬闘争支援集会」（1981年1月2日），「刑法・少年法の改悪に反対する東京集会」（1981年5月29日），「新宿反核集会」（1982年5月10日），「三里塚反対同盟集会」（1983年5月20日）などがある（浅田・坂本［1984］）。
14 「民衆の歌をひろめるだけでなく，それにふさわしいやりかたでやること。フィリピンの作曲家で音楽学者のホセ・マセダがいうように，一人の名人をみんなが見上げるのではなく，みんながいっしょに生きていることをあらわす音楽は，いままでになかった」「水牛楽団の見すぼらしい演奏。リズムはそろわず，メロディーはくるい，たどたどしく，よろめいてゆく。わざとしていることだ。習いおぼえた技術をすてるために，いままで楽譜にたよってきた。即興する人たちは，自分にしばられて自由になれない。楽譜をすてることではなく，自分をすてることが問題だ。自分の音楽だけでなく，生活もすてる。友だちも，しごともみんな」（高橋［1982］）。
　「ギターを排除するということは，要するに，ハーモニーを排除するということ。ハーモニーを排除するということは，要するに，それぞれの楽器が違うやり方でメロディーをやって，一緒に音楽をするということ。ヘテロフォニーとか言われているけれど，それだってヨーロッパの言い方だからね」（磯崎ほか［1995］115頁「高橋発言」）。
15 高橋の議論は行為の意味や目的ではなく実践に照準する点で，マトゥラーナらのオートポイエーシス理論や，アルチュセールの唯物論的哲学に親和的である。Maturana and Varela［1980］，Althusser［1994］。
16 野村誠は名古屋生まれ。京都大学理学部卒業。
17 しょうぎ作曲による作品「ちんどん人生」「どこ行くの？」は父響曲となり，CD化されている（野村［2005］）。
18 http://www.makotonomura.net/blog/texts/shogi-composition/（2018年1月29日アクセス）。
19 野村はカーデューとともにスクラッチ・オーケストラを創設したマイケル・パーソンズ（Michael Parsons）と親交がある。野村［2001］74頁。
20 ただし，読者を重視するスタンリー・フィッシュ（Stanley Fish）は，（読者が解釈を施さないかぎり）事実的存在としてのテクストは存在しないと考えるものの，そこでいう読者とは「学識ある，もしくは，消息通の」（informed or at home）読者であり，全くの素人ではない。イーグルトン［1997］133頁。

## 参 考 文 献

Althusser, Louis [1994], *Sur la philosophie*, Gallimard.
Amos, David [2012], "The Nottinghamshire miners, the Union of Democratic Mineworkers and the 1984-85 miners strike: scabs or scapegoats?" University of Nottingham.
Butler, Judith [2015], *Notes Toward a Performative Theory of Assembly*, Harvard University Press.
Cardew, Cornelius [1974], *Stockhausen Serves Imperialism*, Latimer New Dimensions.
Cardew, Cornelius [1975], *Scratch Music*, The MIT Press.
Cardew, Cornelius [1991], *Piano Album 1973*, The Cornelius Cardew Foundation.
Cardew, Cornelius [1994], *Boolavogue for Two Pianos*, The Cornelius Cardew Foundation.
Eagleton, Terry [1996], *Literary Theory: An Introduction, Second Edition*, Blackwell（大橋洋一訳 [1997]，『新版　文学とは何か』岩波書店）.
Habermas, Juergen [2014], *Theorie des kommunikativen Handelns*, Bd. I/Bd. II, Suhrkamp Verlag.
Hardt, Michael and Antonio Negri, [2017] *Assembly*, Oxford University Press.
Harris, Tony [2013], *The Legacy of Cornelius Cardew*, Routledge.
Maturana, H.R. and F.J. Varela [1980], *Autopoiesis and Cognition: The Realization of the Living*, D. Reidel Publishing Company.
Nyman, Michael [1974], *Experimental Music: Cage and beyond*, Schirmer Books（椎名亮輔訳 [1992]，『実験音楽——ケージとその後』水声社）.
Rzewski, Frederick [1976], "Private or Collective?" in *Pieces An Anthology*, Second Edition, ed. by Michael Byron, Aesthetic Research Centre.
Schultz, Thomas [2003], *A BIOGRAPHICAL SKETCH AND APPRECIATION OF YUJI TAKAHASHI*（http://www.thomasschultzpianist.com/Links_/Takahashi_Essay/takahashi_essay.html [2018年1月29日アクセス]）.
Weber, Max [1985], "Über einige Kategorien der verstehenden Soziologie," in *Gesammelte Aufsätze zur Wissenschaftslehre*, Hrsg. v. Johannes Winckelmann, Tübingen.
浅田彰・坂本龍一 [1984]，『［水牛楽団］　休業』本本堂。

磯崎新・岡崎乾二郎・高橋悠治・松浦寿夫・浅田彰・柄谷行人［1995］，「(共同討議) 再びモダニズムをめぐって」『批評空間』第Ⅱ期第7号。
来栖三郎［1999］，「文学における虚構と真実」同『法とフィクション』東京大学出版会。
クリスチャン・ウォルフ，近藤譲訳［1991］，「音楽と社会」小林康夫編著『現代音楽のポリティックス』水声社。
小杉武久［1976］，「コーニリアス・カーデュー［インタビュー］」(高橋悠治訳)『季刊トランソニック』9号。
水牛通信編集委員会［1987］，『水牛通信 1978-1987』リブロポート。
高橋悠治［1975］，「まえがき」『季刊トランソニック』6号。
高橋悠治［1978］，「ジェフスキー・エピソード」同『ロベルト・シューマン』青土社。
高橋悠治［1981］，『水牛楽団のできるまで』白水社。
高橋悠治［1982］，「水牛楽団を何と説明しようか?」『朝日ジャーナル』1982年2月26日号。
特集［1975］，「アンケート 日本人作曲家の「社会的立場」の認識」『季刊トランソニック』6号。
野村誠［2001］，「CDは，あまり聞かないけれど……」InterCommunication, No.35。
野村誠［2005］，『しょうぎ交響曲の誕生』山口情報芸術センター (CD)。
野村誠［2006］，『老人ホームに音楽がひびく——作曲家になったお年寄り』晶文社。
野村誠［2015］，『音楽の未来を作曲する』晶文社。
浜田滋郎［1976］，「ラテン・アメリカ 民衆の新しい歌」『季刊トランソニック』12号。
林光［1991］，「この作品にとりいれられた3つの歌について」高橋悠治『「不屈の民」変奏曲』ALMレコード (CD解説)。
藤島寛［1991］，「アウトサイダーの作曲家達——英国の実験音楽／カーデューとその後」『UR』No.5。
村上淳一［1999］，「はしがき」来栖三郎『法とフィクション』東京大学出版会。
フレデリック・ジェフスキ・高橋悠治［1999］，「(対談) 音楽は戦争を止めることができるか」ユリイカ1999年6月号。

［首都大学東京＝法社会学］

# 3 「ボブ・ディランという音」と平和学

ポール・ウィリアムズのディラン論を中心に

芝崎厚士

　その「正義」とか「自由」とかって言葉を，いったい何度使ったら気がすむんだ？　まるでマーガリンじゃないか。箱に詰めて売っちまえるくらいだぜ。アメリカじゃ，そんなことは朝めしまえだろ。
　だからまえにもいったように，なにもその言葉がレコードに出てくるからって，そのまんまの意味を受け取る必要はないんだよ。うそをついているのかもしれないんだからね。録音が終わったとたんに，「ごめんよ，うそだよ。だましただけなんだ」っていってるのかもしれないんだぜ。たまたまレコードにはその声が入ってなかっただけなのさ。
　もしかしたらディランだって——もしかしたらだよ，よくわかんないけど——「ジョアンナのヴィジョン」のあとに「だからどうしたってんだ」っていってたかもしれないんだぜ。それ以前の曲でもそうさ。「風に吹かれて」や「ザッツ・アップ・トゥ・ユー」のあとでも，そういってたのかもしれないぜ。
　　　　　　　　　　　　キース・リチャーズ（ダルトン，ファレン［1982］: 87)

　最初に聴いた時は，すべてがまったく救いようがないように聞こえる。あとでふりかえって，それがまさに正しいものだったのがわかる。
　　　　　　　　　　　　エリック・クラプトン（ボールディ［1993］: 215)

墓石で一番いいのはね，名前が彫ってあって，だんだんそれが風化と共に単なる御影石に変わるんだよね。そこまで行ってみたいね。

　　　　　　　　　　　　　　　　　　高田 渡（ETV特集［2004］）

# 1　「ディランを聴く」とはどういうことか

　「平和と音」特集号の特集論文としての本稿の目的をもっとも狭くとるならば，「ボブ・ディラン（Bob Dylan, 1941-）という音は，平和という概念や平和研究という学問領域にとってどのような関係を持ち，どのような意義を持つのかを考察する」ということになる。しかしこれに答えるには，「ボブ・ディランという音」とは何かという問い自体をまず考察しなければならない。というのも「ボブ・ディラン（という音）と平和」という問題設定が意味することが所与で，自明で，共有されていると仮定したうえで安易に解こうとすると，次のような誤謬に陥る可能性が高いためである。

　第一に，この問題設定を基本的には人文・社会科学における学問的な考察の場である平和研究の視点から，ディラン論や音論抜きに進めると，一見もっともらしいがそれほど実りのあるとは思えない研究になる可能性が高く，また実際にそのような言説は決して少なくないためである。

　たとえば，ありがちなのは「ディランの歌は人々を動かし，勇気を与え，世界を変えた」という，ジョン・レノン（John Lennon, 1940-80）などに対する分析にみられるパターンの解釈であろう。近年の映画『私はあなたのニグロではない』（2017）において，「しがない歩兵」（1964）が同時代的な直接的な意義ある歌として引用されていることはそうした文脈で理解しうるであろうし，「ライク・ア・ローリング・ストーン」（1965）を映画『マルクス・エンゲルス』（2017）がいささか唐突なかたちでラストに援用するのはその応用編とみなし得よう。こうした引用や援用それ自体の妥当性を否定したり非難したりするつもりは毛頭ないが，「ディランという音」の重要性は，アメリカおよび世界の公民権運動や反戦・平和運動に大きな

影響を与え，勇気づけ，世界を変えるのに貢献した，ディランが世界を変えたのだといった言説によってくくられるが，「音」そのものへの考察はむしろブラックボックス化されがちである（近年の代表例として Kay［2017］）。

　なぜこの方向性での解釈が問題かといえば，こうした言説が細分化・緻密化する一方の社会科学的な分析に引き取られると，学問的な分析としては成り立つものの，ことの本質からさらにかけ離れるような研究を生み出しかねないためである。たとえば，仮にほんとうにディランは世界を変えたのか「実証」してみろと言われた場合に，これをもっと「科学的」に考察するならば，ディランをめぐるオーラル・ヒストリーを積み重ねるなり，ディランを聴いた人とそうでない人との対照実験でもするなりして「データ」を集め，ディランという音とその影響をテキストマイニングなり，感情分析なりしてなんらかの結果を得ることで分析完了ということになりかねないということである（実際の試みとしてたとえば，Gorczynski［2015］）。

　この方向性はある種の「科学」的分析としては publishable なものとなり得るかもしれないが，「ディランという音」という対象の本質からはさらに遠ざかることになるだろう。いささか武張った言い方をすれば，仮に「戦争の親玉」（1963）を100回聴けば平和主義者になるとでもいうのなら，それは AC／DC，その他を大音量でヘッドフォンで無理やり聴かせたというグアンタナモでの拷問の背後にあった「科学」のコインの裏面をなぞることになりかねないということである。こうした類いの考察はディランの属性の一部を科学的な因果関係の「説明」に合うように操作した結果，可能なのであって，実はディランそのものが何なのかという総合的な問いからはむしろ後退することになる。そこには声も音も歌も残らないのである。

　第二に，では「平和」という価値や社会との関連ではなく，ディランそのものを研究した文献において，こうした空回りは起きているであろうか。いわゆるディラン学（dylanology）の文献はまさに汗牛充棟という形容を

はるかに越えるほどの分量で我々の前にあり，2016年のノーベル文学賞受賞をめぐる一連の騒動以降，増殖する一方である。そして，そのすべてに完全に目を通し整理したという人間は，筆者を含めていないであろう。こうしたディラン学が持つ特徴をあえて強引に整理すると，次の3つの類型を看取することができる。これらはそれぞれの研究においてさまざまな比重を置きつつ混在している。

　第一は「事実の集積」系とでもいうべきもので，クリントン・ヘイリンに代表されるような，ディランがいつ・どこで・だれと・なにを・どのように・どうしたという事実を徹底的に集めることを主眼とした研究である（Heylin [2009/2010a] [2009/2010b]）。古典的にはスカデュトの伝記，ディラン自身の断片的な自伝，近年日本語訳も刊行されたシェルトンの評伝も基本的にはこの系譜に属する（Scaduto [1971], Shelton [1986/2010], Dylan [2004]）。第二は「参照・影響の系譜系」で，これは，主に歌詞，タイトルとサウンドのルーツをたどっていき，直接・間接に影響を与えた作品，音楽，人物との関係を徹底的に調べ上げ，得られた知見をもとに推論を提示するというパターンである。古典的なところではマイケル・グレイの著作や（Gray [1972]），聖書の影響を調べたものがよく知られており（Cartwright [1985]），近年ではディランの21世紀の諸作品における，歌詞に関する引用と剽窃の境界線や作曲者のクレジットに関して論争が起きたことも記憶に新しい（Francescani [2012]）。

　第三は「意図の解釈」系であり，第一・第二の系譜も最終的な主張はここに行き着く。この系譜はいわば，意図とその理由の説明を試みるものである。すなわち，ディランはこの歌で何を表現しているのか，何について歌っているのか，この歌詞のここの部分は誰・何をさしているのか，そこから読みとれるメッセージや意図は何かを解釈しようとするものである。もちろん，こうした研究の基礎にあるのは第一の事実関係の発掘であるし，ほとんど総てのディラン本は，さまざまな第一と第二の手法を駆使しながら，第三の点についての自説を表明することに費やされている。最近の例

としては，ノーベル文学賞受賞後に出版された，ハーバード大学で長年行われてきたディランに関する講義において主に西洋古典との対照関係を論じた成果をまとめたものがある（Thomas［2017］）。

しかし，誤解をおそれずに言えば，この第二のディラン学の系譜もまた，結局ディランとは一体何なのか，そして「ディランという音」とはいったい何なのかを説明しているようで説明できていない。というのも彼らは事実を提示し，参照と影響の系譜を説明し，メッセージや意図に対する解釈を示すが，それらの説明や解釈は「彼らがディランを聴いたときに想起し，考えさせられた結果としての何か」に関する分析的記述であって，「ディランという音」自体に関する総合的記述ではない。

友部正人（1950-）は，ディランに関する言説と「ディランという音」そのものとのこの根本的な相違について，いみじくも次のように喝破している。

> ボブ・ディランのことは本当に何も知らない。だからといって人の書いたことを読んでみても何もわかったような気はしない。誰もボブ・ディランのことをとらえられていないようなので。（中略）詩が説明できないように，ディランという人物を説明しようとしても空回りするだけなのだ。ディランについて書かれたものはたくさんある。それこそ一生かかっても読み切れないくらいあるのではないだろうか。ディランは一冊でもそういうものを読んだだろうか。（友部［2010：19-24］）

キース・リチャーズ（Keith Richards, 1943-）の言葉を引き合いに出すまでもなく，哲学の他我問題を持ち出すまでもなく，ディランがほんとうはどういうつもりなのかを知ることはできない。だからこそ，いろいろな人々がいろいろに論ずることで，ディラン学が永遠に続いていくことになる。考えてみると，この図式は芸術分野だけにかぎった話でさえなく，あらゆる社会科学・人文科学上の研究対象にあてはまる。

では，何をいかにして問うべきなのか。それは，ディランを既存の社会

科学の文脈に新たに意義づけ，位置づけることでもなく，ディラン学の系譜の中で新たな説明や解釈を示すことでもない。むしろ重要なのは，社会科学の側にせよディラン学の側にせよ，なぜこれほどまでに多くの人々がディランを歴史的・社会的に意義づけ，意味づけようとし，またディランに関する事実を集め，影響の系譜をたどり，メッセージや意図を解釈しようとするのか，ということ自体を問うことである。それは，どのような立場からであれ，ディランについて論じている人々総てに共通しながら，一部の例外をのぞいてほとんどの人々が，あまりに自明であるがゆえに問うてこなかった問いから出発することを意味する。

　それはつまり「ディランという音を聞くという体験が，なぜ人々にこのようなことを考えさせ，論じさせるのか」という問いである。さらに照準を絞り込めばそれは「ディランという音を聞くという体験」そのものが何であるか，その体験という現場において何が起きているのかを問うということである。

　かくして，議論の出発点は，既存のディラン言及のさまざまな戦線に参戦することではなく，そうした戦線を生み出している根源的ディラン体験がどのようなものなのかという問いである。人々がディラン言及を生み出すことを生み出しているのは，畢竟，「ディランという音を聴く」という体験そのものである。その体験が何なのか，その体験が人に何を引き起こすのかを論じることが必要なのである。それは柳父章（1928-2018）のことばを借りれば，「ディラン」という「未知との出会い」における衝撃を論じることを意味する（芝崎［2018］）。そして，管見の及ぶかぎりでは，この出会いの現場で何が起きているのかという問いは言及されることはあっても，多くの場合はそこで立ち止まって正面から問われ，論じられたことはあまりないのである。

　エリック・クラプトン（Eric Clapton, 1945-）の言うとおり，ディランを初めて聴いた人が，たとえばモーツァルトやビートルズを聴くように，一瞬のうちにその美しさや素晴らしさの虜になることはあまり多くない。

「時代は変わる」(1963)であれ何であれ，ディランのいわゆる「名曲」とされる曲に関して，その社会的な記号としての意味を前提として教えられたうえで「感動しなければならない，すごいと思わなければならない」と思って耳を傾けたとしても，ディランを聴いて何かほかと違うと気づくことはあったとしても，それ以上の何かをただちに感じ取る聴き手はそう多くはないであろう。

　また，仮に何度も繰り返し聴いたとしても，ディランを論じたくなったりするとは限らない。かつて立川談志（1936-2011）が，「どんなに出来が良いと思っても，落語を知らない，わからない人から見ればただの『おしゃべり』でしかない」と喝破したことは，そのままディランにあてはまる。2007年にディランが孫の通う幼稚園に行き，歌を歌ったところ，子どもたちが「変なおじいさんがきてこわい歌を歌った」と言ったというよく知られたエピソードがあるが，多くの人は，ディランを，ある一時期の有名で重要とされる歌を作った人であるという域を出ることなく受け取る場合がほとんどであろう（Laura [2007]）。

　かくして重要なのは，ディランを聴くという体験そのものを描写しようとすることであり，その体験が何なのかを考察することである。その体験を把握し，その体験が人間存在にとって持つ意味をできる限り学際的に検討することではじめて，平和概念や平和学との関係もまた見出しうるであろう。つまり最初からディランを平和概念や平和学の中に収まるように還元するのではなく，「ディランという音」との出会いそのものをとらえ，そこで得られた知見を平和概念や平和学に突きつけるというかたちで考察する試みとして本稿は書かれている。

　このような考察を試みるうえで筆者が導き手に選んだのは，ポール・ウィリアムズ（Paul Williams, 1948-2013）である。筆者の知るかぎりにおいて，彼は並み居る数多くのディラン論者の中でほとんど唯一「ディランという音との出会いが人間にとって持つ意味は何か」という問いに執筆活動の最初期から真正面から取り組んでいた論者であった。しかし，近年のデ

ィラン関連の文献ではウィリアムズは参照されても深く取り上げられることは少なく，またウィリアムズ自身について論じた文献もあまり多くない。もちろん彼には彼の時間的・空間的・個人的バイアスや制約や限界があるが，それを見極めながら，ウィリアムズからこの問いへの答えを引き出しつつ，その答えをさらに学際的かつ客観的に展開することを試みる。

　以下具体的には，第2節と第3節でウィリアムズのディラン論，というよりもディランの捉え方を考察する。第4節では第2節，第3節の議論を総括し，本号の特集である「平和と音」と関連づけた展望を提示する。

## 2　体験としてのディラン

　ポール・ウィリアムズは1948年にアメリカのマサチューセッツ州で生まれた。1966年，17歳のときに世界最初のロック専門誌とされる『クロウダディ！』を創刊し，ロック評論の嚆矢となる数々の評論を発表して注目を集めた。その後もロック評論家として活動を続け，また，『ダス・エナーギ』などの思想的・啓蒙的な著作を刊行し続けた（Williams［1973a］）。もっとも知られているのはディランに関する評論であるが，親友であり死後はその著作権管理者となったフィリップ・K・ディックの伝記を執筆しているほか，ニール・ヤング，ビーチ・ボーイズに関する著作も刊行している（Williams［1986］［1997］［1998］）。最初の妻となったのは当時日本の新進のフォークシンガーであった金延幸子であった。1995年に自転車事故に遭い重傷を負い，さらに若年性認知症の発症も手伝ったことで，主だった活動は21世紀初頭までで，以降は病を得，2013年に64歳で逝去している。

　ウィリアムズの「ディランという音」ないしはロック音楽という音に対する姿勢は，1969年に刊行された最初の本，『アウトロー・ブルース』（Williams［1969］，日本語訳ウィリアムズ［1972］）の時点から明確であった。第一に彼は，客観的な作品に対する情報や知識に過度に頼らず，そのむきだしの音に対してむきだしの自分自身がいわば素手で，正面から対峙して

感じ取るアプローチをとっている。第二に，したがって，歌を説明し，解釈するという姿勢，とりわけ歌そのものを客観的な情報と関連づけることで「わかった」ことにする姿勢を厳しく批判する。

1966年7月，18歳になったばかりのときに発表したディランに関する最初のエッセイ「トム・ペイン・ヒムセルフ」でウィリアムズは，次のように書く。

> 音楽をカテゴリーとしてではなしに，音楽そのものとして聴こうとしなければ，ひとりの聴衆である君には，いま自分が耳にしているものだって満足に評価することはできまい（ウィリアムズ［1972］:87）

ディランをフォーク，あるいはロック，などといった「カテゴリー」に依拠して理解することを否定したうえで彼は「だからもし彼の行っていることに興味をもつのなら，きみは彼自身の言葉によってのみ，彼に耳を傾ければいい」（同上）と断言する。そして「重要なのはアーティストではなくてその人の作品の方なのだ，というのがぼくの個人的信念であり，そんなわけでボブ・ディランとは何者かという問いをあまりに深追いしようとするのにはためらいがある」（同上，傍点筆者）とまで述べる。この時点で，第一の系譜の重要性を完全に否定するわけではないにせよ，ウィリアムズが社会科学的な分析はもちろん，ディラン学のどの系譜ともはじめから袂を分かっていることは明確であろう。

続いてウィリアムズは〈その歌詞が何を意味しているか〉〈ディランが何を意図しているか〉という，第二，第三の系譜に連なるような説明や解釈の限界を指摘する。まず，意味論の系譜に対しては，次のように述べる。

> 批評家であるというのは難しいことだ。人々はきみが物事を説明してくれることを期待している。何が起こっているのかきみにはわからなくても構わないのだ……きみはなにか聞こえのよいもっともらしい説明をこしらえあげればいい，そうすれば人々はきみのいうことを信じるのだ。しかし，もしかきみがある詩，ある歌を理解し，それがきみにとって大切な意味を持ったとしよう。きみは隣にいる人間にその

歌が〈何を意味しているか〉を教えようとして，つい，その歌を普通の散文の文章につくりかえようとする——そのとき，すでにきみはその歌をブチ壊してしまっているのだ。もしきみが，ディランの歌のどれかでディランが語ろうとしたことを，一行か二行の別の文章で語れるのならば，そこで歌を書く必要なんてどうしてあっただろうか。
（同上：88-89，傍点原文）

彼自身がロック・ジャーナリズムの草分け的存在であることを考えると，この指摘は大きな意味を持つ。彼自身が批評や評論という名の下に書こうとし，実際に書いていったことが，通常のロック批評や評論とは大きく異なることがここに示されている。客観的な説明と主観的な理解を対比したうえで，彼は理解の側に立つ。それは，「説明」がディランを聴くという行為そのものが持っている豊かさを消してしまうからであり，その豊かさを得ることこそ，ディランを聴くことの本質だと彼が考えているからである。また，ここで彼が使用している「説明」と「理解」の二元論は，意味は若干異なるが社会科学方法論でもよくとりあげられる対概念でありそれとの比較を試みることも可能であろう。

次に意図論の系譜に対しても彼はすでに18歳の時点で，後の評論活動においても一貫する視座を表明していた。

もう一つの難問，そしてある意味ではもっと深刻なのが，ディランが何を言っているかを聴こうとする代わりに，ディランの言おうとしていることを〈見つけたい〉というかなり広汎に存在する欲望である。……みんなはディランが書いたものならなんでも，すぐに〈メッセージ〉を探そうととびかかる，これでは，彼はまるで教訓話をお話してくれるイソップかなにかみたいだ。メッセージを聞きとるのに忙しくて，他は何も聞こえなくなってしまう——これこそアメリカ特有の病いなのだ。コマーシャルになるのを待つように訓練され，ベルの音に聞き耳をたてるよう条件反射をほどこされてきた肉体は，普段さまざまに生起してくる事物に反応を示す自由ささえ喪失してしまっている。

（同上：90）

　これもまた，説明というものがもつ弊害を指し示している。彼がこのように指摘したくなる背景には，現在の我々には想像もつかないほどの分量で，あらゆるメディアにおいてディランが注目され，意図や意味が推測され，解釈され，説明され続けた60年代中盤から70年代前半という時代背景がある。現在のディラン学の基礎はそうしたディランに対する膨大な「穿鑿」の蓄積を教師ないし反面教師として生まれてきたといってもよい。

　では，ディランの歌を聴くということはどういうことなのか。そこでウィリアムズは，後述するように70年代半ばにディランがノーマン・レーベン（Norman Raeben, 1901-1978）という絵画教師のもとに通い，そこで得たことをもとに「ブルーにこんがらがって」（1975）に代表されるような歌を意図的に作り，実際に絵画との比喩で自己の作風を語るようになるよりもずっと早い60年代後半にすでに「一枚の絵」を「体験する」というかたちでこれを論じていく。

　　一幅の名画，そうでなければポラロイド・カメラで撮影した一枚のスナップ写真を見てほしい。その一枚にメッセージは存在するか？ひとつの歌とは一枚の絵なのだ。人はそれを見る——正確に言えば，人はそれを見，味わい，感じるのだ。人に歌を聞きなさいというのは，ローラー・コースターに乗りなさいといって十セントあげるのと同じだ。体験。ひとつの歌とはひとつの体験なのだ。歌を書く人間も歌を歌う人間もそれぞれなにかを感じている——歌には，同じものを感じてもらいたい，そんな思いがこめられている。だから，ひとはまったくそれがなになのかを知ることがなくてもそれを感じとることができるのである。（同上：90-91，傍点原文）

　これはある種のコペルニクス的転回である。ディランを客観的に記述し，描写し，解釈し，説明し，その記述・描写・解釈・説明の優劣を競う人々は，それぞれが「ディランを聴く」という体験を持っているはずである。しかしその体験自体が語られることはすでに見てきたようにそれほど多く

ない。その体験はあくまで個人的なものであり,主観的なものであり,ある音を聴くという行為の中で起きている現象である。解釈するのではなく理解するということのなかには,「ディランという音」と自分自身という,きわめてシンプルな対峙があるのみである。

  ディランを〈理解する〉方法は彼に耳を傾けることだ。気をつけて聴くこと,一時期にひとつの歌を何度も繰り返して聴いてそこに耽りきるのだ。……歌詞の一行は一行でしかないが,その一行が,その一行のイメージがぼくらの心の内側にはいるとなにか生き生きしたものに変貌するのだ。きみはただ受け入れるようにすればよいのだ……
(同上:93)

ウィリアムズの考えでは,ディランという音を聴くということ,そしてそれを理解するということは,「その一行が,その一行のイメージ」が,聴き手のなかで「なにか生き生きしたものに変貌する」という行為である。そしてその過程の中に入っていくこと,美術館の展示作品をキャプションを読んでから鑑賞するように,作品の「外側」にある解釈や説明をなぞるのではなく,作品そのもの,音そのものを素朴に素直に「受け入れる」ことが聴き手がなすべき唯一のことだということになる。この「変貌」のプロセスは,きわめて個人的な体験である以上,一人ひとりまったく異なるものとなる。

 人はディランの歌を,自身の内面で引き受け,受け止める。個人の内面は,その個人が過去および現在において持ってきた,持っている自己の経験や感覚に対する自己理解によって形成されており,ディランを受け止める際にはそれらが総動員されることになる。すなわち,ディランを理解することはすなわち,ディランを理解するプロセスにおいて自己理解を深めることを意味する。人は,ディランという音と出会うとき,ディランを理解しようとする自分が何なのかという問いの前に立たされる。ディランという音は,そうした「出会い」に人を開く力を持っているということである。

多くの点で，ディランを理解することは，自分自身を理解することと深く関わりあってくる。……だからディランに歌詞の一節の意味を尋ねたり，なぜこの歌詞が効果的なのかと聴くのは正しいことではない。ぼくが本当に尋ねるべき相手は，その歌に影響を与えられる側の人間のほう——つまりぼく自身なのだ。何故それが影響をもつのかぼくにはわからない——ぼくには説明できないということだ。これはどういうことかというと，ぼくにはぼくがわからないということだ。ぼくはディランを理解するのだ。つまり，その歌にこめられたありったけの可能性をぼくが感じ取るということだ。(同上：94)

「ディランという音」の特質は，こうした意味での「可能性」の豊かさにあるというのがウィリアムズの主張である。「こう理解しなければならない」ということがあらかじめ共有されているのではなく，さまざまな理解＝自己理解を喚起する力を持っている点が「ディランという音」の本質的特徴なのである。むろん，その可能性をどこまで拓けるかは聴き手次第であり，ディランという音をどういうものとして捉えようとしているかによって，クラプトンの第一印象の域を出ない場合もあれば，ウィリアムズのように深く突き詰めていくこともできる場合もあろう。

　18歳のウィリアムズはさらに「解釈」と「理解」の違いについて興味深い考察を試みている。すなわち「解釈」は不安定なものである一方で，「理解」は確固たるものだという主張である。そして，その限りにおいて「芸術とは解説するものではなく経験するもの」(同上：95) なのであって，ウィリアムズは「経験」を通した「理解」こそ芸術と向き合う際のあるべき態度であると考える。

　わかる——それはもともと自動詞ではないか。〈解釈する〉というような他動詞は，いったん意図とか選択の能力がなにかのはずみでぐらついてしまえば，〈解釈〉しようとした当人をどうしようもなく不安定な気分にさせてしまいかねないが，〈理解する〉ということの中にはそんな気ままさはありえない。そうはしまいと思ってはいてもい

つのまにか理解していたりすることがあるものだ。どのみち，きみとぼくとが同じ瞳をとおして物を見ることはないのだから，誰がなにを理解するとしても構うこともないのではないか？　ぼくらは一緒に成長し年を取っていくだけだ。(同上：104-105)

　これを敷衍すれば，解釈や説明は，定義上客観性を標榜しているがゆえに，相争う余地をつねに持っているということである。いっぽう理解は，定義上個人の内面で起きる主観的な現象であるがゆえに，相並び立つ，共存しうるということである。もしディランという音が，そしてディランに限らず芸術一般が彼の言うとおり，説明し解説するものではなく経験・体験し，理解することに本質があるのならば，芸術を芸術として経験・体験する限りにおいては，さまざまな理解が共存し，相争わないということになる。

　そして，もし学問が対象に対する解釈や説明といった描写を生業としているのであれば，その学問という箱の中に，経験・体験に対する理解が本質であるディランという音を聴くという経験を，解釈や説明というかたちに変形して放り込むことが何をもたらすかはもはや明らかであろう。そしてこれは，ディラン以外の音はもちろん，芸術一般にも当てはまる。したがって，「科学」にディランを放り込むようなやり方でディランを学問的考察の俎上に載せることは，ディランという音の本来的な性質の核心的な部分を削ぎ落とすことを自動的に意味しかねないということになるのである。

　このようなウィリアムズのディラン理解，ないし音楽理解に影響を与えたテキストとして現時点で明らかなものの１つは，アメリカの作曲家・音楽評論家であったロジャー・セッションズ（Roger Sessions, 1896-1985）の著作であった。ウィリアムズは20歳のときのエッセイで，セッションズが大学生向けの講義をまとめた『音楽的体験』にふれている（Sessions [1958]）。ウィリアムズはまず，音楽はもともと作曲者と演奏者と聴衆が未分化でひとつのものであったというセッションズの指摘を引き，聴衆と

いう独立した存在の歴史性を確認する。

　その始まりにおいては，この三者（作曲家，演奏者，聴衆）は疑いもなく一つのものであった。以後……生の音とリズム型式からなる素材にある人間が介入するようになり，その素材がそれとして人々に確認されるようになり結果的に反復が可能になると，作曲家の存在は確固としたものになった……最初の演奏者は厳密に言えば，以前に演じられたか歌われたことのあるなにかを最初に演じたか歌った音楽家のことなのである……音楽を聴くという行為は音楽が洗練されていった過程の非常に後の段階での産物なのである……聴衆にとってみれば，音楽とはもはや突発事でもなければ付随的な事柄でもない，自立しかつ自足的な表現媒体にほかならないのである」（同上：262-263, Sessions［1958］：p.4)

ここでの三者論そして聴衆論は，とくに聴衆の参加という論点において，のちのウィリアムズの議論で活用されることになる。

さらにウィリアムズは，音楽とは「運動」であるというセッションズの議論に注目する。セッションズによれば音楽が重要である理由は「それがわれわれの存在の根源にたち戻り，われわれのもっとも深い，もっとも身近な反応を具体化する内的な意思表示（ジェスチュアズ）を実現させる人類固有の運動形式であるから」である。しかし「これ自体ではまだ芸術ではないし，言語（ランゲージ）ですらない。しかし，これは音楽芸術の創られる素になるものであり，音楽芸術が重要とされるのはまさにこのためなのである」。その意思表示とは眼には見えない，非空間的で，時間的な運動である。そして時間的運動とはつねに「流動的」で静止的ではない（同上：264-265)。この流動的な時間的運動という視点もまた，その流動的な時間的運動の体験という意味で「ディランという音」と出会うことを形容する表現としてのちに頻用する「時間を止める」という議論の出発点となっている。

さらにウィリアムズはここから，聴衆の存在があってはじめて「ディラ

ンという音」の理解が成り立つことを論じていく。

　　日々のすべてが，そこで生起する出来事のすべてが新たな発見であり，すべての新たな発見は最終的な，議論の余地のない真実の予兆なのだ。（中略）ロックはたったいま発見しつつあるのだ――つまり，議論の余地のない真実なんてものはない，ただもっともっと大きな宇宙の認識があるのみだということ。そして自分自身の認識があるということ。（中略）ぼくたちは自分自身で音楽をつくり出す段階にまで達したのである（ウィリアムズ［1972］：266-267）。

　聴衆の成立，流動的な時間的運動としての音楽，「ぼくたちは自分自身で音楽をつくり出す」という意味での聴衆の参加という視点が，次節でみるパフォーマンス，主観的理解と体験，時間感覚の喪失というウィリアムズのより包括的なディラン論に結実していくことになる。

## 3　パフォーミング・アーティストとしてのディラン

### 1　『ひと粒の砂にさえも』から『瞬間の轍』三部作へ

　ウィリアムズがディランに関して最初の単著を刊行したのは意外に遅く，1979年のことであった。当時ディランはボーン・アゲイン・クリスチャンに改宗し，教会の学校に通って聖書を学び，ほぼ全編がキリスト教のメッセージで貫かれた『スロー・トレイン・カミング』をリリースし，キリストに関するのみを歌うツアーに出ていた。ウィリアムズはフォックス・ウォーフィールド・シアターでの連続コンサートの多くを見に行き，ブートレッグでほかの多くのコンサートを追体験しつつ書き上げた『ひと粒の砂にさえも』を出版した（Williams［1979］）。ここでのアプローチはすでにとりあげた60年代後期の基本的立場を維持しつつ，いわゆるゴスペル・ロック期のディランの音楽に対する理解を提示している。

　1996年にウィリアムズがさまざまな時と機会に書いたディラン論を集めたアンソロジーの中には同書が丸ごと収録されているが，その序文による

と，ディランは『ひと粒の砂にさえも』をいろいろな人に読んでもらいたいと思って自ら100部以上も買い求めたという（Williams［1996：i］）。このことをどこまで過大に評価するべきかは解釈の余地があるが，「人々は，うさぎでも切り裂くように，ぼくの歌を切り刻む。しかし何も理解していない」（ディラン［1985］）という言葉が象徴し，友部正人も示唆するとおり，一部の例外を除けば自分自身について書かれたことの多くに対してそれほど考慮を払わないとみられているディランがウィリアムズの捉え方をどう見ていたかの傍証にはなろう。

そして，『アウトロー・ブルース』でのディランのとらえ方を基礎に据え，『ひと粒の砂にさえも』におけるディラン理解の提示の仕方を下敷きにして，デビュー当時からのディランのパフォーマンスを時系列的に経験し，体験することで得た理解とその方法論を全面的に示したのが，彼の主著といってよい，*Bob Dylan: Performing Artist* 三部作（Williams［1990, 1992, 2004］，第1巻，第2巻の邦題『瞬間の轍』，第3巻は日本語訳なし，以下，第1巻，第2巻の引用は日本語訳より）であった。同書は形式的には三部作の構成をとっているが，第三作にあたる最後の作品は厳密には主に1986-90年あたりの時期にとどまり，以降については『タイム・アウト・オブ・マインド』（1997）に対する浩瀚なレビューと『ラブ・アンド・セフト』（2001）に対するやや短い評論があるのみである。

本来であれば，この『瞬間の轍』三部作を詳細に分析することで，ポール・ウィリアムズのディラン「理解」の全貌を明らかにしなければならないのであるが，ウィリアムズの論点はあまりに多岐に及んでおり，また必ずしも体系的とは言えないため，その全体像を整理して示すには紙幅の制約があるので，本節ではそのエッセンスを概略的に論じることにとどめる。

## 2　ウィリアムズにおけるディラン理解の3つの柱

『瞬間の轍』三部作におけるポール・ウィリアムズの主張は，次の3点に要約できる。

第一に，ディランの本質は第一に，言葉と音が一体化した，その時その瞬間のディラン自身の感情を即興的に表現したパフォーミング・アート（実演芸術）である。多くの論者が指示するとおり，ディランのパフォーマンスから音と言葉を切り離すことはできない。ディランはその時その場でその瞬間感じたことを表現する。したがって，ディラン自身でさえ，二度と同じように再現することは不可能である。そして「複製時代」に生きる聴き手は，その膨大なオフィシャル，アンオフィシャルな音源や映像記録によって，以前ではその場その時だけでしか体験できなかったパフォーマンスを反復して体験できるようになった。それによって，聴き手はディランのパフォーマンスを何度でも繰り返し受け取り，味わうことができるようになった。

　第二に，ディランのパフォーマンスが伝えるのは何らかの象徴的意味やシンボルのような解釈可能な何かに還元し得ない個人的な感情や意志といったものであり，聞き手はその歌が直接自分に，自分のためだけに向けられて，表現されているかのように受け止める。ディランのパフォーマンスはあらかじめ抽象化・言語化可能な，演奏する前にすでに決まっている「言いたいこと」を表現しようとしているものではない。「ディランという音」の体験の本質は，瞬間的な，声，サウンド，言葉が渾然一体となったパフォーマンスを聴き手が受け止めることで聴き手の中に浮かび上がり，感じ取るきわめて個人的ないし主観的なイメージや感覚を喚起することにある。そしてそうであるがゆえに，何かを感じ取ることができても，その体験そのものを表現し，説明し，解釈することは容易ではない。しかし，ディランのパフォーマンスが人を惹きつける所以は，この，聴き手との間に生じる深い相互作用にある。

　第三に，そうしたパフォーマンスと聞き手との間の相互作用の中で，表面的な歌詞やリズム，メロディなどに分解し得ないようなパフォーマンスを主観的・直感的に理解・体験する状態は「時間を止める」(stopping time)と表現される。ディランはそうしたパフォーマンスをしだいに意識

的に行えるようになり，さらにその手法を精錬していくようになっていくが，ウィリアムズが観察し得た21世紀初頭までの時期において，少なくとも1974-75年，1987-89年の２度，その手法を前進させる大きな契機があったと推測される。

　これらの指摘の原形は，すでにみた『アウトロー・ブルース』によってなされていたものも多いが，ディランが自己の手法にしだいに自覚的になっていったのと同様に，ウィリアムズもその後のディラン体験を深めていくなかで，自己の理解の手法をしだいに明確に言葉にできるようになっていった。ディランも成長していったが，同時にウィリアムズも成長していったのである。また既述のとおりこれらの指摘は程度問題としてはどのような芸術に対してもあてはまるものであり，ディランの芸術表現だけがこうした性質をもっているわけではなく，またディランのパフォーマンスのすべてが優れたものであるわけでもない。しかし第１節で述べたように，ディランを論じる場合にこの部分を抜きにして語ることは，ディランという音を理解するうえでは手落ちになろう。

① パフォーマンス

　パフォーミング・アーティストとしてのディランという主張をウィリアムズは，『瞬間の轍』第２巻の冒頭に集約的に展開している。まずウィリアムズは，「ぼくは，ディランを作曲家やソングライターとしてではなく，第一にパフォーマンスをするアーティストとしてとらえている。」（『瞬間の轍』第２巻：５）と規定し，「ぼくの考えによれば，彼の歌づくりは，パフォーマーとしての彼の衝動がさせる行動，そのためにおこなわれる行動としてとらえたときに，もっともよく理解できる。これまで何度もおこなってきたインタビューでの発言から，あきらかにディラン自身もおなじように考えている」（同上）と述べる。

　ここで「パフォーマンス」とは，レコーディングであれライブであれ，その時その瞬間に歌を通して何かを表現するといったような意味である。「ディランはその歌の内容や設定とは関係なく，その瞬間の自分の感情を

伝える。彼は長い時間の感覚をもつ人間ではない。彼だけの，その瞬間だけの世界で生きている」(第1巻：50)。それはもっとも端的には「歌うときのことば」であり，それは言葉だけを切り離しては力を持ち得ない(同：52)。したがって，

> ディランが歌う〈時代は変わる〉を一度も聞いていない人が，詩を読むように紙に書かれた歌詞を読んだとしたら，そこには芸術的なものはなく，伝わってくるものもない。……この歌の歌詞をよむだけでは，ぼくたちはそれを書いた詩人のことばを信じる気にはならない。……紙の上のディランの言葉は野暮ったくて，もたもたしているが，歌という構造のなかでは，スイス時計の部品のようにうまく機能する。スイス時計の部品と同じように，分解不可能に思えるほどたがいがぴったりと組みあわさって，人の努力と手間がそれを成したことがわかっていながら，神の力の介添えを感じさせるのだ(第1巻：119)

ということになる。そうであるがゆえに，意図・解釈系の議論が陥りがちであるが，ディランの音から歌詞だけを取り出して分析しようとすることは，可能であるが「ディランという音」の本質に迫るうえでは却って逆効果なのである。では，ディランのパフォーマンスはどのようにして生み出されているのか。ウィリアムズの基本的理解は次のとおりである。

> それならどうやって，ディランはそれをするのか？　譜面を書くことによるのでも，「ベースはこのコード進行をひいて，そのあとここでピアノが入ってくる」などということによるものでもないのは，わかっている。そうではなくディランは，信頼によって，直接的なことばではない形で，彼の個性によって，熱意によって，声とリズムの感覚という形でその場に自分を存在させることによって，それを達成する。そうした音楽的な意味での存在感が，ミュージシャンたちの意識をひとつに練り上げる。いっぽうミュージシャンたちはそれぞれたがいに刺激をあたえあい，それまでの演奏で投入していたよりもっと多くの自分を（感情や想像力や精神を）投入する。これまでのアルバム

で証明されているように，ディランは何度もミュージシャンたちをこの極地に導いている。ディランがそれを成し遂げるようすもまた，正確にはパフォーマンスとよぶべきものだ。ディランはほかのものたちを導きながら，彼らから刺激をうけ，そして彼らの努力に彼自身の熱意をもって応じる。そこに偉大な音楽，偉大な芸術が生まれる。それは単なる歌，単なる音楽的構成物ではなく，パフォーマンスなのだ。
（第2巻：17-18）

ディランにはもちろん，パフォーマンスを通して表現し，伝えたい何かがある。ディラン自身の言葉によれば「芸術の至上の目的は，直感的刺激をあたえることにある。そのほかに何ができるというんだ？ ほかに人間に対して，そのほかになにができるというんだ？」（第2巻：121）ということになる。むろんそのためには適切な歌，歌詞，それが紡ぐ物語を必要であるが，その言葉そのものだけではないというのがウィリアムズの指摘なのである。

> しかし，ぼくたちがそういうものを感じて聞くことができるのは，パフォーマー自身がそれを感じ，聞いている時だけなのだ。どのような理由であれ，パフォーマーのなかに，そういう切実な欲求が存在しなくなったとき，歌の本当のすばらしさは消滅する。それがまだあるように見せることはできない。したがって，パフォーマンスとは，もっとも要求されるものの多い芸術形態であり，ちがういいかたをすれば，すべての創造的行為の原初的な形であるともいうことができる。パフォーマーのディランは，ひとつの橋をかける。その橋をとおして自身の特別な感情を送りだし，ぼくたちが現実に体験できる形にもう一度作り直し，生命をあたえなおす。パフォーマーには求めるものがあり，パフォーマンスはその欲求の表現だ。（第2巻：240）

以上のように言葉だけ，演奏だけといった形で切り離し，分節化してとりあげるのではなく，言葉と音，そして見る場合には身振りや手振りなどを含めた，ディランという人間と（他にいる場合には）その演奏の参加者

全てが一体となって生み出されるパフォーマンスとして「ディランという音」を理解するべきであるというのがウィリアムズの主張である。ステージ上のディランのたたずまいや動きをチャールズ・チャップリン（Charles Chaplin, 1889-1977）にたとえることが見られ，現在でこれまで成し遂げてきたことを映画におけるチャップリンの功績になぞらえることがあるのも，ディランの本質がパフォーミング・アートにあるというウィリアムズの指摘と平仄が合う（Landau［1975］，浦沢，中川［2016］）

② 個人的・直感的な理解・体験

ではディランのパフォーマンスに出会った聴き手は，それをどのように受け止めるのであろうか。ウィリアムズによれば，ダンス，演劇，音楽などのパフォーマンスは「とても特殊な行為」であり，その偉大さは，「包括的なコミュニケイションの能力」，すなわち「生きているものと生きているもののあいだをつなぐ力」「とても直接的で活発で複雑でありすぎて，直線的で合理的な思考をもとにしたやりかたではとらえることが不可能だが，現実にそこにあって生きているもの，そのあいだをつなぐ力」を持つ（第2巻：100）。

人はディランのパフォーマンスから何を受け取るのかという問いに対してウィリアムズは，それは「曖昧」ではないが，表面的な言葉で表現できるものでもないという以前からの主張を崩さない。すなわち「意味が曖昧であるから，その曖昧性が崇拝されたから，ディランの歌が人々のあいだにひろまったという例は一度もない。反対に，歌が直接自分に語りかけているから，自分にむけて歌われていると思えるから，人はそれに反応をした」（第1巻：80）と考える。

そうであるからこそ「こうした普遍性や嘘のないパフォーマンスは，聞く者にディランは自分だけのために歌っていると感じさせる。特定の状況にあるときにディランの歌を聞くと，それは聞く者の現実のなかにはいりこみ，わたしとディランという驚異的で，ときにはとまどいをおぼえるほど緊密な関係が成立する」（第1巻：143）。80年代のあるコンサートのあと

「ほんとうに感動して，どうにかしてディランと話をしようとする人を大勢見ました。……ボブのそばにいて，自分はもうだいじょうぶだといいたいというんです。自分の調子がわるかったとき，ボブがそれを知っていて，じきによくなると慰めてくれたように感じているんです」（第1巻：143-44）という目撃談がそれを傍証する。

かくして，ディランという音を受け止める人々はきわめて個人的，直感的な体験としてそれを受け止める。パフォーマンスが生み出す感情は，パフォーマーによってのみ生み出されるのではなく，そのパフォーマンスに出会い，受け取った聴き手の感情と相俟ってはじめて形作られる。そうしたディランと聴き手とのあいだのきわめて個人的な相互作用によって美が生み出され，喜びがもたらされるとウィリアムズは述べている（第2巻：169-170）。

こうした体験が「ディランという音」との出会いの本質であるとウィリアムズは考える。そうであるならば，ディランのメッセージ・意図を言葉だけを抜き出して解釈することは，ディランという音を聴く体験そのものを描写することから，ある意味もっとも離れた営みとならざるを得ないことが改めて首肯されよう。そこで，ウィリアムズは，『アウトロー・ブルース』ですでに展開していた「メッセージ」「解釈」によるディラン論批判をさらに徹底する。

　人はディランの歌に感動し，そのとき感じとった「メッセージ」を何らかの形で自分のことばで表現したいと願う。そしてそれができないのを知り，歌が何を意味するかを的確に表現できずに，自分には歌の意味がわからないと結論する。あるいは，一面的な言葉に執着し，それで多面的だった体験を語ろうとし，他の人たちが自分の意見に賛成しないので，連中には歌の意味がわかっていないと結論する。実際は，感じとったメッセージがわからなくなるのは，それをふたたび表現する能力がかぎられているからだけなのだ。ディランの歌の大半は，それがいったとおりのこと，ぼくたちがききとったとおりのことを意

味している。しかし，そのどれもが強力で，しかも短い時間に多くのことがぎっしりと詰まっているので，感じとったことを満足のいく形でふたたび表現するには，もう一度自分で歌ってみることぐらいしかないのだ。（第1巻：82）

言語で説明しようとする強迫と，どのような言語をどのように駆使しようとこの世界は全体として説明し尽くせるものではないという関係は，柳父章が論じてきた「ことばの始原」や「言葉の限界」に関する一連の議論（柳父［2013］）や，真木悠介の『気流の鳴る音』における〈トナール〉と〈ナワール〉の関係を思い起こさせるものである（真木［1977］）。したがって，解釈の問題を解釈の限界をわきまえて使いこなすのであれば，真木悠介的に言えば〈明晰〉をわきまえたうえで，「明晰」の限界を知ったうえで，ウィリアムズの言葉でいえば「解釈という遊び」として楽しむのであれば，それはそれで構わないということになろう。

　解釈の問題が生じるのは，ディランの歌が，とくにある時期の彼の歌が解釈をほどこしたくなるような歌であるからだ。また聞き手が，核心に触れていそうな手がかりについて，あれこれ考えること自体に，それなりの意味がある。歌はひとつの遊び場で，聞き手はそこに招待されるのだから。しかし，聞き手がそこで体験した内容を正しく読み取らないとき，よくないことが起こる。体験がもっていた力が失われ，概要とかシンボルといったものがそれに変わる。そのシンボルが正しいかどうかは，あまり関係がない。なぜなら，どんなシンボルもどんな説明も，ひとつの歌やひとつの絵画にはなり得ないのだから。そのかわりはできないのだから。歌や絵は，それを聞いている者たち，見ている者たちとの動的な関係の上に成立している。見たり聞いたり感じられたりして，初めてその実体を与えられる。

　これを心にとめておけば，解釈という遊びをしても，それぞれのパフォーマンスとぼくたちとの本来の関係，つまり感覚的で個人的な関係を失わずにいられる。（第1巻：231）

ディランのパフォーマンスから人が受け取ることができるのは,「彼がその瞬間, そこに立ってどのように感じたかということ」にすぎない。しかし,「それはつまらないものではない」。なぜなら「ほんとうの意味で, 人が他人にむかっていえるのはそのことだけだ。そのときその場でどのように感じたかだけだ」(第1巻:244)からである。「パフォーミング・アーティストとしてのディランは, ぼくたちが彼のいったことを理解するかどうかに関心をもたない。ただ彼がいうままに, 聞いてほしいと思っている。聞いているあいだに感じとったもの, それがぼくたちが彼から得るもののすべてなのだ」(第1巻:224)。しかし深く感じることには限界はないが, それを別の言葉で表現することには限界がある。ここに, 体験することと解釈することとの間の緊張関係が存在する。ウィリアムズをはじめとする多くの人々が激賞する, 音楽を伴わないポエトリー・リーディングに近いかたちの「ラスト・ソーツ・オン・ウディ・ガスリー」(1963), 逆に明確な歌詞がほとんど聴き取れない「アイム・ノット・ゼア」(1967)は, 形式的には両極に位置するが, まさ「そのときその場でどのように感じたか」を伝えるパフォーマンスであった。

　寄席芸能の世界では, 高座に登場した途端にその人が醸し出す, 言葉で説明することのできないふしぎな雰囲気や魅力を「フラ」と呼ぶ。古今亭志ん生(1890-1973)がその代表例であり, 落語家としての基本的な決まり事云々を逸脱していようが, 言葉をとり違えたり場面を抜かしたりしようが, 人は志ん生の口演からは得も言われぬ「フラ」を感じる。落語以外の芸術家であれ, 我々が日常接する人物であれ, ある人がこのような天性の何かを持っているように感じられることは少なくない。

　志ん生がしたたか酔って高座にあがり居眠りを始めてしまった際に, 寄席の客が怒りもせずに眠り込んだ志ん生を楽しそうに眺めていたという有名な逸話がある。ディランも「はげしい雨が降る」(1962)の途中で歌詞を間違えてくすっと笑ってしまったり,「ボブ・ディランの115番目の夢」(1965)で歌い出しを間違えて大笑いとなり初めからやりなおしたりした

のをそのまま収録しているが，志ん生の居眠りと全く同じではないにせよ，その歌い間違いがかえって，ディランのパフォーマンスがその時その瞬間の自分の感情を強靱な意志の力で表現しようとしているものであることを感得させる。ジョン・レノンは「ディランが何を歌っているかでなく，どう歌っているかが好きなんだ」と言ったといわれるが，その発言もこの文脈に連なるものであろう。1984年の，ディランのテレビ出演の中での最高のパフォーマンスの1つとされるデヴィッド・レターマン・ショーでの生放送ライブの2曲目「ライセンス・トゥ・キル」でも間奏から3番の歌詞に入るタイミングを勢い余って間違えているが，入り間違えた瞬間の表情から伝わる嘘のない感情に聴き手はディランとの間の「感覚的で個人的な関係」をいっそう深く作り上げていくことになる。

③ 時間を止める

ディランのパフォーマンスと観客との相互作用によって生まれる状態を，ウィリアムスは「時間を止める（stopping time）」と表現している。ディラン自身もまたこれとほぼ同義の言葉を用いており，とくにこうした表現は『血の轍』（1975）制作から4時間近い映画『レナルド・アンド・クララ』（1978）に至る時期において「時間の感覚の喪失」「無時間性」「時間のない」といった発見が繰り返し見られるようになる。よく知られているように，ディランはこれまで書いてきたような歌を作れなくなったことに気づき，1974年にニューヨークで，ノーマン・レーベンの絵画教室に通うことで，これまで必ずしも自覚的ではなかった歌作りの手法を，レーベンを通して学び直し，身につけていったとされる（ボールディ［1993］：112-120）。

ディランの言葉に従えば時間を止める，ということは，次のようなことを意味する。

> この映画（注：レナルド・アンド・クララ）は時間を創造し，その時間をつかまえている。それがこの映画の目的だ——時間をつかまえ，その時間の中で呼吸をし，そうすることによって時間を止める。セザンヌの絵を見る。絵を見ることでそのあいだの時間の経過を忘れる。

そのなかできみは呼吸をする――それでも時間はすぎていくが，きみにはそれは関係がない，きみは魔法にかかっている（第2巻：131）

　それは時間の流れを超越し，自分が意識する自分を超越して存在している自分の核心，感知したとたんにこれこそほんとうの自分であることがわかる自分の核心だ（ボールディ［1993］：36）

　ひとつの時間をつくりあげ，その時間をつかまえ，その時間のなかで呼吸をし，その時間を止めている。（同上）

　歌というのは，思考だ。歌はしばらくのあいだ時間を止める。どういう内容のものであっても，歌を聞くということは，だれかの思考を聞くということだ。……夢は，見たり聞いたりしたことをもとにして成立する。夢はそうやってできあがる。だがファンタジーは，あてのない勝手な想像だ。ぼくは自分の歌をファンタジーとは考えない。ぼくの歌は，現実にあったこと，だれかが話し，ぼくが聞いたことだ。その証拠をぼくは持っている。ぼくはメッセンジャーだ。ぼくはそれをうけとる。そうやってやってきたものを，ぼくなりのやりかたでつぎにわたす。（第2巻：337）

ディランは「時を止めてしまった映画」の例として『天井桟敷の人々』（1945）をあげ，またパブロ・ピカソ（Pablo Picasso, 1881-1973）を引き合いに出す（ボールディ［1993］）。また，ディラン自身も絵を描き，画集を出版してきたし（Dylan［1994］［2008］［2010］［2013］［2014］），多くの人々が，ディランをピカソになぞらえて論じている（1つの例として［Murphy：2002］）。「時を止める」という表現が含意するのは，流動的な時間的運動としての音楽を体験することによる，線型的な「流れる」時間感覚，すなわち文明社会が暗黙の内に前提してきた時間観からの「一時的」な離脱であり，人間が逃れることのできない「生」から「死」へと直線的に向かう生命観を「時間を止める」ことによって解き放つような方向性である（大森［1996］，真木［1981］，芝崎［2019］）。ディラン自身が述べるように，ディランという音を体験する間に時間の流れを超越することは，時間の流

れの中に埋没する「自分の核心」を発見することである。それを生み出すのがパフォーマーと聴き手の相互作用なのである。

> このアルバム（注：『血の轍』）のいちばんのすばらしさは（中略）まったく個人的なこととまったくのフィクションを独特の方法でまぜあわせ，それを独創的な形ですべての人間によって語られた物語，すべての人間のための物語とすることに成功した点にある。このアルバムの歌は，大昔も今も問題はおなじなのだという時間を越えた場所から，時間を越えた場所へ向けて，人間ひとりひとりが語る，人間ひとりひとりのための物語なのだ。そしてひとりひとりがこれから出会うことも，どのような形をとってなのかはわからないが，これらの歌は大きなかかわりを持つ。（第2巻：43-44）

ウィリアムズは，こうしたパフォーマーとしてのディランという議論を，『血の轍』からローリング・サンダー・レビューに至る時期のディラン体験から主に感得しており，ディランを60年代までのイメージでのみ語り，解釈し，論じ，それ以降の時期の成熟の過程を無視することが主流であった当時のディラン評に対しておおいに異議を唱えることを，『瞬間の轍』三部作の執筆の動機としている（第2巻：10）。

その後，ウィリアムズは三部作第3巻において，1987-89年においてディランのパフォーマンスがさらに大きく成熟していったことを指摘している（Williams［2004］）。グレイトフル・デッドとのジョイント・ツアーの時期にディランが新たな表現者としてのステップを踏み出したことはよく知られているが，そこでのウィリアムズの指摘の妥当性はウィリアムズの死後発表されたディランの自伝の中での言及によって裏づけられている（Dylan［2004］）。

ウィリアムズの本格的なディラン評は『ラブ・アンド・セフト』（2001）のレビューが最後となったが，そこではディランがついに「小説」を作り上げたと激賞していた。その後の作品，ツアー，そしてノーベル文学賞受賞や近年の活動に対するウィリアムズの評論を我々は読むことができない

が，彼には「アーティストとしてのディランは自らを人間の時間の観念から解き放たれた精神や意識そのものとみなしている」ことを主張の核心とする，ディランの『タイム・アウト・オブ・マインド（Time Out of Mind）』(1997) の題名をもじった『ボブ・ディラン――時間を超越した精神（Mind Out of Time）』の計画があり，それが三部作の第3巻の副題となった（Williams［2004］：326）。ウィリアムズのディラン論をもとにディランのその後の時期を評定することは我々に残された課題である。

　近年のディランは，『テンペスト』(2012) を最後に2019年春現在までオリジナルアルバムを発表せず，過去の音源を整理したブートレッグ・シリーズやスタンダードの独自なカバー・アルバムを発表し，ツアーに出続けている。ウィリアムズはかつて，ディランの存命中は，同時代を生きており圧倒的な存在感を持っているがゆえに，さまざまなイメージや先入観が先行してディラン理解を妨げているとみなし，「第三期（ディランの死後）には，聞き手は生きているアーティストの存在感から自由になり，もっと容易に彼という人物をうけいれ，もっと容易に彼の作品を楽しむことができるようになるだろう」（第1巻：330）と述べている。ディラン自身がそう望んでいるかどうかはさておき，志ん生と似たようなエピソードの持ち主でもある高田渡（1949-2005）が晩年残した言葉のような意味での「風化」がもたらされるようになったときには，「ディランという音」をめぐる研究が大きく転換する可能性がある。ウィリアムズの到達点を再検証することは，そうした転換が訪れた際にも意義を持つであろう。

## 4　「ディランという音」と社会科学的学問研究

　本論文の核心的な主張は，「ディランという音」が人間に対して持っている本質的な力は，とくに言葉の分析に特化した「説明」や「解釈」によって，単純に「平和」や「自由」といった価値に還元しきれるようなものではないということである。ノーベル文学賞を受諾するスピーチでディラ

ンは「これまで一度も『自分の歌（songs）は文学（literature）だろうか？』と自問したことはなかった」が，スウェーデン・アカデミーが「この問いを考える機会を与えてくれたこと，そして（受賞というかたちで）素晴らしい答えを授けてくれたことを感謝したい」と述べている（Dylan [2016]）。また，ノーベル文学賞受賞の記念講演でもディランは一貫して自己の作品を「歌」と形容し，明らかに「文学」とは異なるものとして話を進めている。自己の歌と文学との関連として『白鯨』『西部戦線異状なし』『オデュッセイア』を取り上げてはいるが，真偽の程度はさておいて，あくまで原体験は生でバディ・ホリー（Buddy Holly, 1936-1959）を間近に見，目と目が合った瞬間に求めており，結語では「歌は文学ではない。歌は歌われるためにあるのであって，読まれるためにあるのではない」と断言している（Dylan [2017]：22-23）。

　いわば本稿は，ディランにおける「歌」と「文学」の区別が何なのかという問いを「ディランという音」とは何かを問うことによって明らかにしようとしたものである。そしてこの両者間に厳然として存在する，一見単純であるが決定的な相違こそが「ディランという音」の特質なのである。そしてこのディランの一連の発言は，ティーンエージャーのころからディランを聴き続け，ディランについて書き続けたウィリアムズのディラン理解が大筋において正鵠を得ていたことをその没後改めて証ししたといってよいであろう。

　「ディランという音」，ディランのパフォーマンスは，人間という存在のその場その時の自身の感じたままの感情や意志を表現しようとしているものであり，「知覚イメージの断片」（戸田正直）でものを考え，行動している人間に，その声振り，身振りによって立ち現れてくる知覚イメージによって人間の真実を根源から感得させるように人を誘う（芝崎［2015]）。それは人間の意識，感情，精神とはどういうものであるかを，ディランにしかできないやり方で深く人に「理解」させる機会を与えうるものなのである。人間が自分自身，そしてその自己理解を通して世界を，そしてディラ

ンを経由してより深く理解できるようになることは，その人間が「平和」を志向するかどうかといったことよりもはるかに大きな現象である。

多木浩二は，最晩年の講義において，スーザン・ソンタグ，プリモ・レーヴィなどを引き合いに出しながら，フーコーにも導かれつつ，カントのいうクンスト（Kunst），日常生活の重要性を指摘している。それは戦争（ここでは単純な国家間戦争のみを意味しない）が，日常生活を破壊することで，少なくない場合において生命そのものを含め，人間であることを破壊するからである（多木，今福［2013］：189-193）。それに対抗するために人間ができることは，日常的な生活をおもんばかり，守ることであると多木は述べる。それは文化的活動，言説活動を含んでおり，その観点から多木はユーゴ紛争時のサラエボでソンタグが『ゴドーを待ちながら』を上演したことを高く評価する。

そして多木は，クンストを構築する本質的な営為として「自分で考える」「言語化する」ことをあげる。そして思想や芸術は，世界が戦争化する21世紀の状況のなかで，一見不要に見えるものの，人がより深く考え，考えることを言語化するための媒介として死活的な重要性を持つと考えており，「思想や芸術について考える能力をなんとかして身につけること」こそ「人類が滅びないための方法」であると結論づけている（同上：184-185）。

ウィリアムズのディラン論は，ディランというミクロコスモスを徹底的に掘り下げた結果得られた知見によって，自分で深く考え，言語化する際に芸術と向き合ったときに人間に何が起こっているのかを説明するという意味で，さらに「説明」と「理解」に関する主張において，多木が重視する「言語化すること」それ自体の意義と限界がどこにあるのかを考える意味で，多木浩二のクンスト論を補完的に下支えするように思われる。「ディランという音」と平和という問題設定は，こうした枠組においてもとらえることができるであろう。

ただしディランが創り，遺してきたすべてのパフォーマンスが同じレベ

ルでそこに到達できているわけではない。また，すでにふれたように，「ディランという音」のみがこうした深みに達していたわけでもない。むしろ聴き手の側次第で，どのようなパフォーマンスからでも何かしらを引き出し，受け取ることができると考えるべきであって，そうした力を人間が持てるようになることが重要となろう。

　ディランに限らずある優れた芸術表現に心を開くには，その表現にあらかじめ付されている社会的・文化的な記号を，いったんすべてカッコに入れて，むきだしの自分自身によってその表現に向き合わなければならない。その際人は自分の自明性を守ってきた手段が通用しないことに気付かされ，自分自身を少なくとも部分的には解体させられ，自分の自己理解を再構築することを余儀なくされる。そうした芸術表現の中に入って行くには，説明や解釈を抜きにしてじかに対峙すること，いわば『気流の鳴る音』におけるドン・ファンのいう「しないこと」を学ぶ必要がでてくる（「しないこと」についてはウィリアムズもカスタネダを引いて言及している（Williams［2004］：322））。

　多くの人にとってそのような形で自己を開くことは，自己がそこに安住してきた自明性を一時的ではあれ捨てることを意味するが，それはそう簡単ではない。ウィリアムズは「サブタレニアン・ホームシック・ブルース」（1965）のレビューにおいて次のように書く。

　　ボブ・ディランのレコード作品の力が強烈すぎるため，ときとして聴き手は，それをうけいれるかわりに，あるいはうけいれたうえで，自己防衛をしたい気持ちにかられる。無意識におこなわれる防衛のひとつは，その経験の各要素を分離して考えてしまうことだ。たとえば「彼はすばらしいソングライターだが，あの声には我慢できない」といったように。（中略）

　　それは命をかけた戦いだ。ぼくたちは，自分を新しい自分にしてくれる解放者を歓迎する。しかし同時に，それまでの自分を抹殺しようとする者に対して抵抗をする。アーティストは無意識のうちに，直感

に従って仮面をつけることで対処する。仮面が「これは現実ではない」という。ぼくたちは安心して，防衛の壁をとりさる。しかし，実際には現実の中で，ことが起こっている。これがパフォーマンスという芸術行為の本質だ。つくり手とうけ手が共謀して，現実でないことを装うことによって，自由に表現し充分にうけとることができるようになる。(ウィリアムズ［1998］：79)

　むろん何に対してどこまで自分を開き，閉じるかもまた自由である以上，ことはそう単純ではない。そうであるからこそ，多くの人はディランを「よく理解できないが，すごい，とされている」というあたりまでで受け取り，それ以上は踏み込まないのかもしれない。ここで芸術論や美学一般に踏み込むことは現時点での筆者の能力を超えているが，こうしたことは優れた芸術表現を受容する局面に共通して見られる宿命でもあろう。

　平和学との関連でいえば，「ディランという音」という対象の本質は，19世紀パラダイム（ウォーラースティン）的な近代科学的考察が現実の世界に対して見落としてきたことそのものであり，また「ディランという音」の本質に迫るための方法も，同じく近代科学的考察が現実を描写する際に見落としてきた方法であるかもしれないということである。本稿が示すのは，社会科学と芸術の関係を，対象の本質に対する認識論とその本質を分析する方法論の双方のレベルにおいて根本的に見直すことを我々に要請するということであり，文化というものの本質がどこにあるかという考察をおろそかにしたまま「文化と冷戦」「文化と戦争」「文化と紛争解決」「文化と政治」「文化と権力」などを分析したことにすることの少なくない，社会科学における「文化」の扱い方にどこに根本的な欠陥があるかを我々に示しているのではないであろうか。

　この点に関する本稿の含意は，文化，クンスト，日常といったものが社会科学において持つ意味を，そうした現象そのものの本質を捉えるレベルから再検討する必要があるということである。この必要性が要請されるのは，平和研究も国際関係研究も例外ではない。かくして「ディランという

音」と平和という問題設定が我々に示しているのは，そうした沃野と平和研究の関係を，平和概念還元主義，平和学還元主義に陥ることなくどう発展させていくべきかという問いである。そして，もし音をより適切に平和学で扱うのならば，既存の平和学的，国際関係学を含めた社会科学的枠組に音を投げ込むことなく，「音と人間」の根源的な関係について，対象の持つ性質と対象に漸近する方法の双方の水準において，平和学・平和研究そのものを根本的に変革する必要があるということなのである。

[本研究は JSPS 科研費18K01481の助成を受けたものである]

**引用文献**（ウェブサイトの最終閲覧日は2019年3月）

Cartwright, Bart [1985] *Bible in the Lyrics of Bob Dylan*, Wanted Man Publishing.

Corcoran ed. [2002/2017] *Do You, Mr. Jones? Bob Dylan with the poets and professors*, Vintage: London.

Cott, J. [2006/2017] *Bob Dylan: The Essential Interviews*, Simon and Schuster: New York.

Dylan, B. [1994] *Drawn Blank*, Random House.

Dylan, B. [2004] *Chronicles Vol.1*, Simon & Schuster.

Dylan, B. [2008] *The Drawn Blank Series*, Prestel.

Dylan, B. [2010] *The Brazil Series*, Prestel.

Dylan, B. [2013] *Drawings and Paintings*, Halcyon Gallery.

Dylan, B. [2014] *Face Value*, Natl Portrait Gallery.

Dylan, B. [2016] "Bob Dylan: Banquet Speech (Banquet speech by Bob Dylan given by the United States Ambassador to Sweden Azita Raji, at the Nobel Banquet, 10 December 2016.)" (https://www.nobelprize.org/prizes/literature/2016/dylan/25424-bob-dylan-banquet-speech-2016/)

Dylan, B. [2017] *The Nobel Lecture*, Simon and Schuster: New York.

Francescani, Chris. [2012] "Bob Dylan says plagiarism charges made by "wussies and pussies"" (12.09.2012)
(https://www.reuters.com/article/entertainment-us-bobdylan-plagiarism/bob-dylan-says-plagiarism-charges-made-by-wussies-and-pussies-idUSBRE88C00720120913)

Gray, Michael [1972] *Song and Dance Man: The Art of Bob Dylan*, E. P. Dutton（三井徹訳［1973］『ディラン，風を歌う』晶文社）．

Heylin, C. [1991] *Bob Dylan: Behind The Shades: A Biography*, Simon and Schuster: New York.

Heylin, C. [2009/2010a] *Revolution In The Air: The Songs of Bob Dylan Vol.1 1957-73*, Constable: London.

Heylin, C. [2009/2010b] *Still On The Road: The Songs of Bob Dylan Vol.2 1974-2008*, Constable: London.

Gorczynski [2015] "Bob Dylan – analyzing 55 years of lyrics" (http://tableaupicasso.com/bob-dylan-analyzing-55-years-of-lyrics/)

Heylin, C. [2017] *Trouble in Mind: Bob Dylan's Gospel Years, What Really Happened?*, Route: Pontefract.

Kay, S. [2017] *Rockin' the Free World! How the Rock & Roll Revolution Changed America and the World*, Rowman & Littlefield Publishers: New York.

Landau, John [1975] "Album Review: Blood on the Tracks" Rolling Stone, March 13, 1975. (https://www.rollingstone.com/music/music-album-reviews/blood-on-the-tracks-255430/)

Laura [2007] "Bob "Weird Man" Dylan Scares Grandson's Kindergarten Class" 07.05.2007
(http://www.themodernage.org/2007/05/07/bob-weird-man-dylan-scares-grandsons-kindergarten-class/)

McCarron, A. [2017] *Light Come Shining: The Transformation of Bob Dylan*, Oxford University Press: Oxford.

Murphy, Elliott [2002] "The Picasso of Rock and Roll"（Foreword to the Paolo Vites book: *Bob Dylan - 1962-2002: 40 Years of Songs*）
(http://www.elliottmurphy.com/writings/dylan.html)

Scaduto, Anthony [1972] *Bob Dylan: An Intimate Biography*, Grosset and Dunlap（小林宏明訳［1973］『ボブ・ディラン』二見書房）．

Sessions, Roger [1958] *The Musical Experience of Composer, Performer, Listener*, Princeton University Press.

Shelton, Robert [1986/2010] *No Direction Home: The Life and Music of Bob Dylan*, Hardle Grant Books（樋口武志，田元明日菜，川野太郎訳［2018］『ノー・ディレクション・ホーム：ボブ・ディランの日々と音楽』ポプラ社）．

Thomas, F. R.［2017］*Why Dylan Matters*, William Collins: London.

Williams, P.［1969］*Outlaw Blues*, E. P. Dutton: California（室矢憲治訳［1972］『アウトロー・ブルース』昭文社）.

Williams, P.［1973a］*Das Energi*, Entwhistle Books（MOKO 訳［1992］『ダス・エナーギ　精神のネルギー経済学』春秋社）.

Williams, P.［1973b］*Pushing Upward*, Entwhistle Books（真崎義博訳［1975］『ニューヨーク・ブルース』音楽之友社）.

Williams, P.［1979］*Dylan-What Happened?*, Entwhistle Books: New York（三浦久訳［1981］『ひと粒の砂にさえも』プレイガイドジャーナル社）.

Williams, P.［1986］*Only Apparently Real: the World of Philip K. Dick*, Arbor House Pub Co（ウィリアムズ，ポール，小川隆訳［2017］『フィリップ・K・ディックの世界』河出書房新社（初版は1991年））.

Williams, P.［1990］*Bob Dylan: Performing Artist, The Early Years 1960-1973*, Underwood and Miller: California（菅野ヘッケル監修，菅野彰子訳［1992］『ボブ・ディラン　瞬間の轍１　1960-1973』音楽之友社）.

Williams, P.［1992］*Bob Dylan: Performing Artist, The Middle Years 1974-1986*, Underwood and Miller: California（菅野ヘッケル監修，菅野彰子訳［1993］『ボブ・ディラン　瞬間の轍２　1974-1986』音楽之友社）.

Williams, P.［1993］*Rock and Roll: The 100 Best Singles*, Entwhistle Books: New York（菅野彰子訳［1998］『ロックンロール・ベスト100シングルズ』音楽之友社）.

Williams, P.［1996］*Bob Dylan: Watching The River Flow, Observations on his art-in-progress 1966-1995*, Omnibus Press: London.

Williams, P.［1997］*Brian Wilson & the Beach Boys: How Deep Is the Ocean?*, Omnibus Pr & Schirmer Trade Books（五十嵐正訳［2016］『ブライアン・ウィルソン＆ザ・ビーチ・ボーイズ』シンコーミュージック（初版は2000年）.）

Williams, P.［1998］*Neil Young: Love to Burn : Thirty Years of Speaking Out, 1966-1996*, Entwhistle Books.

Williams, P.［2004］*Bob Dylan: Performing Artist, 1986-1990 & Beyond*, Mind Out Of Time, Omnibus Press: London.

ETV 特集［2004］『フォークであること』（2004年5月15日放送）。

浦沢直樹，中川五郎［2016］「ボブ・ディラン，歌の力　ボブ・ディランの音楽・詩・パフォーマンス」読書人ウェブ（https://dokushojin.com/article.html?i=317）。

大森荘蔵［1996/1999］『時は流れず』青土社（『大森荘蔵著作集』第 9 巻，岩波書店）。
KAWADE夢ムック［2002］『文藝別冊　ボブ・ディラン』河出書房新社。
KAWADE夢ムック［2016］『文藝別冊　ボブ・ディラン　マイ・バック・ページズ』河出書房新社。
芝崎厚士［2015］「「恐怖」の国際関係論　国際関係研究の人間観の刷新へむけて」芝崎『国際関係の思想史』岩波書店。
芝崎厚士［2019］「国際関係研究と時間「脱・代入型／脱・脱却型」時政学の理論的展望」高橋良輔，山崎望編『時政学の構築』ミネルヴァ書房。
多木浩二，今福龍太編［2013］『映像の歴史哲学』みすず書房。
ダルトン．D，ファレン．M編，山本安見，野間けい子訳［1982］『ローリング・ストーンズ語録』シンコー・ミュージック。
ディラン，鈴木久訳［1985］「『バイオグラフ』所収インタビュー」アルバム『バイオグラフ』。
友部正人［2010］「ボブ・ディランを探して」『現代思想　総特集ボブ・ディラン』第38号6巻。
ボールディ．J編，菅野ヘッケル訳［1993］『ボブ・ディラン　指名手配』シンコー・ミュージック。
真木悠介［1981/2003/2012］『時間の比較社会学』岩波書店（岩波現代文庫版2003年，著作集版2012年）。
真木悠介［1977/2003/2012］『気流の鳴る音』筑摩書房（ちくま学芸文庫版2003年，著作集版2012年）。
柳父章［2013］『未知との出会い　翻訳文化論再説』法政大学出版局。

［駒澤大学－国際文化論］

● 投稿論文

# 4 吐き気を生きること

## 大岡昇平の『野火』における戦争神経症

福 本 圭 介

## はじめに

　大岡昇平（1909-1988年）には，日本軍の敗北が濃厚となった太平洋戦争末期のフィリピンにおける戦争体験があった。大岡は，1944年8月にミンドロ島に配備されるが，12月米軍が上陸すると，マラリアに罹患していたため部隊に捨てられ，単独で山中を彷徨，翌年1月には捕虜となり，その後約1年間はレイテ島のタクロバンで収容所生活を送るのである（吉田[1992]）。彼は，この自らの戦争体験をもとに，戦後まもなく二つの小説を書くことになる。「俘虜記」（1948年に「文学界」に発表）と『野火』（1952年に単行本出版）である。

　「俘虜記」と『野火』は，ともにフィリピンにおける戦場体験を一兵士の視点から一人称で語る小説であるが，文体においても，内容においても，対照的である。「俘虜記」は，大岡の自伝的作品であり，戦場における自らの行動と意識を詳細に描写しつつ，「なぜ私は米兵を撃たなかったのか」を明晰な文体で徹底的に分析する。フィリピンでの日本人戦没者は50万人を超え，出征した日本兵の8割が死亡したと言われているが，大岡は，「なぜ私は生き残ったのか」という問いの答えを探し求めるかのように，

「なぜ私は米兵を撃たなかったのか」を執拗に自問するのである。他方，『野火』は，いわゆる「戦争神経症」を患う元日本兵を語り手に設定しているフィクションであり，語り手・田村は，自らの戦場での極限状況を時に混乱した意識のまま語っていく。語り手・田村は，戦場において人間を殺し，食べており，「語りえぬもの」を抱えている。『野火』は，元兵士の混乱した現在を表現しながら，そのトラウマティックな戦場体験を語るのである。

とはいえ，対照的と言えるこの2作品には，きわめて強い結びつきがある。大岡自身，『野火』は「俘虜記」の「補遺」として思いついたものであり，「俘虜記」で書けなかった「どうしても割り切れないで残ったもの」を書いたと述べているが（大岡［1953］105頁），この2作品は異なる方向から「同じもの」について探究した作品として読めるのである。それはいったい何か。一言で言うなら，それは，人を殺すことに抵抗する兵士自身の内なる「力」であり，それでも人を殺したとき，兵士を内側から激しく攻撃する「力」である。大岡は，単行本『俘虜記』において，自分が米兵を撃たなかった原因について「ここには何か私が内省によっては到達出来ない法則が働いているのではあるまいか」（大岡［1967］118頁）と述べているが，この内省（意識）によっては捉えられない「力」（無意識）について，大岡は，『野火』において戦争神経症に苦しむ元兵士を主人公にすることで存分に探究しようとしたと考えられるのである。

もちろん，このような「力」については，第二次世界大戦後，国家や軍隊の側も研究を進めてきたと言える。たとえば，米国陸軍所属の歴史学者S・L・A・マーシャル（S.L.A. Marshall）の調査では，第二次世界大戦中の戦闘では，米軍のライフル銃兵は，わずか15％から20％しか発砲しておらず，しかもその多くは威嚇射撃にとどまったという（グロスマン［2004］43-44頁）。ほとんどの兵士には人間を殺すことに対する強い「抵抗感」（resistance）が存在した。デーヴ・グロスマン（Dave Grossman）の表現を借りるなら，それは，「教練よりも，仲間の圧力よりも強く，自己保

存本能さえもしのぐ強い力」だった（同上80頁）。もちろん，米軍はすぐこの「力」に対処するための訓練を開発し，発砲率は朝鮮戦争では55％に，ベトナム戦争では90〜95％に跳ね上がることになる。しかし，その結果，ベトナム戦争ではおびただしい数の戦争神経症患者が出現するのである（同上91頁）。洗練された軍事教練によって乗り越えたはずの「力」が，別の形で再び兵士たちの身体に激しく回帰してきたのだと言ってよい。

『野火』は，戦争神経症を患う帰還兵が自らの戦場体験を語るという設定のフィクションであるが，本質的には，人を殺した兵士の身体に宿るのっぴきならない「力」の探究としてあるように思える。とはいえ，大岡は，この「力」を病理学的視点から捉えるのではない。国家や戦争という巨大な暴力との関係のなかで，それらに抵抗する「力」として描き出すのである。主人公・田村は，戦争という大きな暴力のなかでは無力に等しい小さな個であるが，同時にそのような暴力を再生産し他者に振り向ける加害者でもあり，そのような存在として戦争神経症を発症していく。そして，大岡は，その加害者の病んだ身体の中に注目すべき「力」を見出すのである。

ところが不思議なことに，これまで，このような視点から『野火』を読み解いてきた批評はほとんどなかった。田村の戦争神経症は，作品中の「狂人」（181頁）という言葉のイメージにのみこまれ，しばしば，信頼できない語り手を暗示する記号，あるいは，戦場体験の過酷さを象徴する記号としてしか捉えられてこなかった。戦争神経症それ自体が作品の中心的な主題だとは考えられてこなかったのである。また，殺人や人肉食に嫌悪感を抱く主人公・田村の身振りに「倫理的なもの」を読み解こうとしている批評は多いが，『野火』はけっしてそのような水準で「倫理的なもの」を思考してはいない。田村は，フィリピン人住民を殺害し，「猿の肉」と呼ばれる人肉を食べて生き延びた兵士であり，自らの手で仲間の日本兵を殺し，その肉を食べた可能性さえある人間である。しかし，にもかかわらず，トラウマ体験が刻まれた田村の身体には，確かに倫理的と呼ぶほかない「力」が，彼の意志とは無関係に彼の存在を強く拘束している。『野火』

が注目するのはこの水準である。『野火』における「倫理的なもの」の特徴はその「他者性」にあり，それは主体の意志とは無関係に，「まるで外から働きかけられたかのごとく自分の内側からあらわれてくる何ものか」である。本稿の目的は，『野火』の研究においてこれまであまり光をあてられることのなかった「戦争神経症」の主題に焦点を合わせ，人を殺した兵士の身体に宿る不思議な「力」の探究をできるだけ明晰に作品から取り出すことにある。

## 1　語り手のポジションと戦争神経症

　『野火』の舞台は，太平洋戦争末期のフィリピン・レイテ島である。とはいえ，この作品にはもう一つの舞台がある。1951年の東京郊外にある精神病院である。これは作品の最後に明らかにされることだが，私たちが読む『野火』の物語は，元日本兵・田村が日本に帰国後，精神病院で書き続けている手記なのである。この田村の語りのポジションを理解することは，この作品を読むうえできわめて重要である。田村は，自らの「戦争神経症」について次のように記述している。

　　俘虜病院に収容された当初，私は与えられる食膳に対し，一種の儀式を行うことで，同室者の注意を惹いたそうである。人々は私を狂人と見做した。しかし私は，今でもそうだが，自分のせずにいられぬことをするのを，恥じないことにしている。何か私以外の力に動かされるのだから，やむをえないのである。（181頁，強調は福本）

田村は，フィリピン山中で現地ゲリラに捕えられ，俘虜病院に収容されたときに始まる「食膳を前に叩頭する儀式」（182頁）を一度の中断期を経てずっと続けている。後述するように，田村が「せずにいられぬ」行為はほかにもあるが，これらの行為は，戦場で体験したトラウマ体験に起因する戦争神経症であり，田村にとって「せずにいられぬこと」なのである。ここで注目したいのは，田村が自らの奇妙な反復行為を「何か私以外の力に

動かされる」経験として語っていることである。この「力」には，彼の意志を超えた強制力がある。実際，田村は，食膳を前にした儀式の末に一度はあらゆる食物を拒否するまでになる。田村の内部に宿っている「力」には彼の本能や欲望をもしのぐほどの強度があるのだと言える。[5]

　語り手・田村は，手記を書くという行為を通して自らの戦場体験を再体験し，最終的には自らの失われた記憶にも迫っていくことになるが，その動機の深いところには，自らの身体に宿ったこの不思議な「力」についての探究があるように思われる。彼は，いつも自分の内や外にある様々な強制力に翻弄されてきた。国家，軍の命令，飢え，生存本能，道徳意識…。田村は，「私の生活は（…）一度戦場で権力の恣意に曝されて以来，すべてが偶然となった。生還も偶然であった」（185頁）と言う。田村の生は，戦場においてその自律性を失い，ただひたすら状況に振り回されてきたのだと言ってよい。しかし，その結果，田村の身体の内側には，ある種の自律性を備えた不思議な「力」が宿るのである。田村の身体に宿っている「力」とはどのような力なのだろうか。これは，語り手・田村の問いであると同時に，作家・大岡の問いでもある。

## 2　「嘔気(はきけ)」の正体

　主人公・田村が「何か私以外の力に動かされる」体験は，実は，フィリピン・レイテ島の戦場においてすでに始まっている。それが最初に出現するのは，彼が現地のフィリピン人女性を銃殺したあとである。田村はそこで「嘔気」（96頁）に襲われ，唐突に銃を棄てる。「嘔気」とは，田村にとっていったいどのような経験だったのか。

　結核を患う田村は部隊に捨てられたあと，一人孤独にしばらく山中をさまようが，ある海辺の村で若いフィリピン人の男女と出くわすことになる。そこで，田村は，銃を構える自らに対して「獣の声」で叫んだ女性に「怒り」を感じ，そのまま彼女を射殺してしまう（92頁）。殺害後しばらくは，

偶然だ，事故だと自分の行為を正当化していた田村だが，村はずれの橋にまでたどり着くと，「私の責任」(95頁) について考え始め，そこで初めて「嘔気」を感じる。

> 私は立ち上がり，昨日この橋を渡った時のように，銃を斜めに構えた。女を射ったときと同じく，床尾を腰に当ててみた。／銃は月光に濡れて黒く光った。それは軍事教練のため学校へ払下げたのを回収した三八銃で，遊底蓋の菊花の紋が，バッテンで消してあった。私は嘔気を感じた。(96頁)

戦場で初めて人を殺したときに吐き気を感じたり，嘔吐することは，多くの兵士たちの証言が示すところである。ここで重要なのは，田村の「嘔気」が遅れてやってきていることである。女性を殺した直後ではなく，村はずれの橋の上で銃の遊底蓋の上の「バッテン」を見て初めて田村は「嘔気」を感じるのだ。この遅れは，殺人行為がもたらす「吐き気」の本質に関係していると思われる。「吐き気」は，外部の対象に対する反応ではなく，殺人行為そのものが行為者に及ぼす影響として出現する。したがって，その行為者への影響を遅延させる何かがある場合，「吐き気」は遅れるのだ。

そもそも殺人行為はどのような影響をその行為者に及ぼすのか。1960年代にベトナム戦争に参加したアレン・ネルソン (Allen Nelson) は，自らの初めての殺人体験について次のように述べている。

> 死体の前で一人になるとまた，奇妙な感情がこみ上げてきました。／名づけることのできないその感情とともにめまいがし，胃がキューッとしめつけられるような感じがして胃の中のものがのどへと上がってくるのがわかりました。それは自分自身の意志をもっているかのように，わたしの口から飛び出しました。(…) この名づけることのできない感情とは，罪の感情でもなく，恐怖でもなく，ましてや喜びでもありませんでした。(…) 果てしない暗闇が目の前に突然口を開いてわたしを飲み込んでしまったような，なんとも言えぬ感情でした。

（ネルソン［2010］80-90頁，強調は福本）

　また，ネルソンは，殺人行為一般については，次のように述べている。

　　決して人を殺すということに慣れるということはありません。なぜかと言うと，人を一人殺すたびに，自分の奥底にある何かを殺しているというふうに感じるからです。（ネルソン［2006］23頁，強調は福本）

ネルソンによれば，殺人行為とは，他者を殺すと同時に，「自分の奥底にある何か」を殺す行為であり，それによって「わたし」は「果てしない暗闇」に飲み込まれる。殺人行為がもたらす「吐き気」（嘔吐）とは，外的な対象に対する生理的反応ではなく，むしろ「わたし」の解体にともなう実存的反応（情動）だと言うべきだろう。哲学者J・P・サルトル（Jean-Paul Sartre）は，「他者は，私と私自身との間の不可欠な媒介者である」（サルトル［1999］398頁）と述べているが，「他者」との関係が「私と私自身」の関係を媒介しているとすれば，殺人行為は当然のことながら「私と私自身」との関係を崩壊させ，「人格」の解体をもたらす。「吐き気」とは，おそらくそのような実存的混沌の体験であり，しかも，そのような混沌からの脱出を求める実存的情動なのだ。

　主人公・田村は，部隊に捨てられた敗残兵だったものの，日本兵というアイデンティティを残存させていたと思われる。当時，日本兵にとってフィリピン人住民は「敵」であり，日本軍に服従すべき劣位の存在として認識されていた。田村は女性の叫びを「獣の声」として認識し，それに対して瞬時に「怒り」を抱いた。田村は，フィリピン人女性に相対して，まぎれもなく日本兵だったのだ。女性を殺害後，田村の「吐き気」の到来が遅れたのは，銃殺は一日本兵として当然の処置だと彼自身がその行為を正当化しえていたからだろう。つまり，日本兵であるというアイデンティティが「私」を保護していたのだ。

　ところが，田村は，橋の上で，自らの三八銃の遊底蓋にある菊花の紋がバッテンで消されてあるのを見て，あることに気づく。国家によっていったん廃棄された三八銃と同様に，自分も日本軍から捨てられた存在だった

ことに思い至るのである。そして，もし自分がもはや日本兵ではなかったのだとしたら，フィリピン人女性を殺したのは，いったい誰なのか。この瞬間，田村は「吐き気」に襲われる。ここでようやく田村は，「私」の責任に向き合い，実存的混沌に投げ込まれるのだといってよい。

　注目すべきは，次の瞬間，田村が思いがけない行動に出ることである。田村は三八銃を川に捨てるのだ。敗残兵だとはいえ，この行為にはある種の唐突さがある[6]。実際，田村は銃を捨てたことをすぐに後悔するが，銃を取り戻そうとはしない。彼はその時の心境を次のように語っている。

　　私は後悔したが，諦めていた。一度，川底の泥に埋まった銃を，再び
　　使用可能の状態に戻す困難は別にしても，拾えばまた棄てるほかない
　　のを，私は知っていた。（97頁）

田村は，自らの行為を反省して銃を捨てたのではない。反省しているのなら，銃を棄てたことを後悔などしないだろう。そうではなく，田村は殺人にともなう実存的混沌のなかにあり，そこからの脱出を求めて銃を棄てたのである。銃には何より彼を混沌に引きずり込むバッテンで消された菊花の紋があった。田村は，「私は何者かに操られているように思った」（97頁）と述べている。これは，田村がすでに欲望や意志を超えた「力」に憑かれていることを示している。田村は，殺人行為によって「自分の奥底にあるもの」を殺し，そこから出現した実存的情動に動かされたのである。

## 3　他者のまなざし

　田村の身体（戦争神経症）に宿っている「力」の起源の一つは，間違いなくフィリピン人女性の殺害と関連している。田村は，女性殺害後，日本兵と交わり，再び日本兵になることによって何とか実存的混沌から逃走しようとする。しかし，それもほどなく失敗すると，今度は独り米軍に投降しようとするが，「一人の無辜の人を殺した身体」（133頁）が彼の行動を内側から邪魔するのである。ここで重要なのは，田村の実存が彼が殺害し

たフィリピン人女性のまなざしに拘束されていることである。彼女の「眼」が、田村自身に、彼の「人とも交われない体」(93頁)を想起させるのだ。田村の存在を問う他者のまなざしが彼を内側から攻撃し続けているのである。

　しかし、田村を拘束する他者のまなざしは、それだけではない。田村は、別のまなざしにも「見られている」。田村は、米軍に投降するという選択肢も失い、極度の飢えに襲われるなかで、日本兵の死体を求め始める。そのようななか、それを拒む「力」が、あるまなざしとともに出現するのである。これが、田村が戦場で出会う二つ目の不思議な「力」である。彼は次のように述べている。

　　私の憶えているのは、私が躊躇し、延期したことだけである。その理由は知っている。新しい屍体を見出すごとに私はあたりを見廻した。私は再び誰かに見られていると思った。／比島の女ではありえなかった。私は彼女を殺しただけで、食べはしなかった。(140頁)

田村は日本兵の死体を食べているところを誰にも見られたくない。しかし、彼は「誰かに見られている」という意識をどうしても払拭できない。彼は、そのまなざしは「比島の女」のものではないという。だとすれば、ここで彼の欲求を止めているまなざしは、何に由来するのか。

　このことを考えるための重要な場面がある。田村の飢えはいよいよ激しさを増し、その眼は食べられそうな死体を探し回るようになるが、そのようなとき、田村は、丘の上で衰弱して座り込んだ一人の日本兵と出会う。田村は、その日本兵の死後、右手に剣を握り、誰にも見られていないと自らに言い聞かせ、その腕を食べようとする。ところが、ここでまた再び奇妙な「力」が出現する。

　　その時、変なことがおこった。剣を持った私の右の手首を、左の手が握ったのである。この奇妙な運動は、以来私の左手の習慣と化している。私が食べてはいけないものを食べたいと思うと、その食べものが目の前に出される前から、私の左手は自然に動いて、私の匙を持つ方

**4　吐き気を生きること**

の手，つまり右手の手首を，上から握るのである。(…) ／今では私はこの習慣に慣れ，別に不思議とも思わないが，この時は驚いた。右の手首を上から握った，その生きた左手が，自分のものでないように思われた。(147頁)

ここは，小説『野火』の中心テーマが最も直接的に描かれている寓話的（アレゴリカル）な場面である。田村の欲望や意志を超えて，倫理的な「力」がどこからか到来し，田村自身の行動をその内側から止めるのである（この「生きた左手」の動作は，田村の語りの現在である1951年においては，田村の戦争神経症の「症状」として継続している）。まずここで注目すべきは，「自分のものでない」ように思われるこの「生きた左手」があるまなざしとともに出現していることである。「この変な姿勢を，私はまた誰かに見られていると思った」(147頁)。いったいこれは誰のまなざしなのか。

　このまなざしの由来を考えるヒントが，田村の幻想的な内的経験を描写した「野のゆり」という章にある。死体を食べるのをあきらめ，丘を下りた田村は，「万物が見ていた」(148頁)と語るが，極度の飢えのなかで彼が経験したのは，レイテ島の自然のなかにある丘々や樹々や草花がすべて「顔」を持っていて彼を見つめているというアニミズム的世界だった。マルティン・ブーバー（Martin Buber）は，人間の世界に対する態度には，「我－汝」と「我－それ」の2種類があるとしたが（ブーバー [1979]），田村は，あらゆる対象を「我－汝」の関係性で捉えるような世界を体験する。さらに，田村は，そこで出くわした谷に故郷の見慣れた谷を重ね合わせ，「同じ谷」(149頁)だと思う。田村の眼前にあったのは，彼を育てた故郷の風景と一体化したフィリピンの自然だった。いわば，自然＝故郷＝世界が，田村を見ていたのである。

　そのとき，一本の花が彼に語りかける。「あたし，食べてもいいわよ」(150頁)。田村は突如，飢えを意識し，右手と左手が別々に動く。そして，田村は，右手と左手だけでなく，右半身と左半身が別のもののように感じる。田村の右手を含む右半身は飢えを感じ，その花を食べたいと思うが，

左半身がそれを拒むのである。田村にとって花は「それ」ではなく，「汝」だった。この幻想的な場面では，自然＝故郷＝世界が「神」という形で形象化されるが，このまなざしの前では，田村も同胞（花）を殺し食べることはできない。

　ここで最初の問いに戻ろう。丘の上で田村の「生きた左手」とともに出現したまなざしとは，誰のまなざしだったのか。それは，彼が内面化した，幼少期から彼の「人格」を育んできた故郷の人間のまなざしだったのではないか。そして，死体を食べようとした田村を止めた「力」とは，田村の「人格」そのものだったのではないか。故郷で育まれた「自分の奥底にある何か」（＝他者との関係に媒介された私と私自身との関係），それがおそらく田村自身の欲望や意志に抵抗したのである。

## 4　人間が人間を殺し食べることを可能にするもの

　田村の「人格」が同胞を食べることを思いとどまらせたということは，逆に言えば，その一線を踏み越えると，さらなる実存的混沌に飲み込まれてしまうという恐怖が田村の行動を止めたということだろう。とはいえ，田村の内部には，その一線を踏み越えてまで飢えを満たそうとする激しい欲求があった。そして，実際，田村は，後に一線を踏み越え，極度の飢えのなかで人肉を口にするようになる。『野火』には，殺人や人肉食に抗う「力」が描かれているが，のみならず，それらが情け容赦なく乗り越えられていくさまも描かれている。そこで描写されているのは，「人間が人間を殺し，人間を食べる」というトラウマティックな行為を可能にする条件である。

　田村は，飢えで意識が朦朧としているときに知り合いの日本兵・永松に口に肉片を入れられたのをきっかけに，人肉食を習慣とするようになる。田村は，極度の飢えのなかで，薄々それが人間狩りによる人肉だと気づきながらも食べ続ける。人間狩りを命じているのは安田という老兵であり，

実際にそれを実行しているのは若い永松だったが，彼らは人肉を「猿の肉」（157頁）と呼んでいた。そして，田村も「猿の肉」の正体をわざわざ確かめようとはしなかった。人肉食を続けていても，「知らない」という状態を努めて維持すれば，田村は「人格」を破壊するトラウマ的な衝撃から「私」を保護することができたのである。

　しかし，田村はまもなく「猿の肉」が日本兵の人肉であることを知ることになる。永松による人間（日本兵）狩りの現場を目撃するのだ。ところが，それでも田村は，人間狩りと人肉食を許容する。彼は，山になった死体の残骸を前に「これと一緒に生きて行くことを，私は少しも怖れなかった」（173頁）と述べている。なぜ，そのようなことが可能だったのか。それはおそらく人肉食の暴力がシステム化されていたためだろう。人間狩りは，安田が疑似親子関係にある永松を，精神的にも物質的にも支配して行わせていた。実際に手を下していたのは，あくまで永松だった。田村は，日本兵の死体の血を山蛭を通してなら口にできた経験を次のように語っている。

　　もぎ離し，ふくらんだ体腔を押し潰して，中に充ちた血をすすった。
　　私は自分で手を下すのを怖れながら，他の生物の体を経由すれば，人間の血を摂るのに，罪を感じない自分を変に思った。（146頁）

田村は，自分ではない別の誰かが人間狩りを行うなら人肉食を許容できた。被害者に向き合わなければならない最もトラウマティックな加害行為は，永松に押しつけられていた。しかも，永松を精神的，物質的に支配しコントロールしているのは，田村ではなく，安田であった。ここにあるのは，暴力を何重にも媒介することで加害者がトラウマ体験を回避する巧妙なシステムである。田村はこのシステムに寄生し，安田とともにトラウマ的な体験を回避していたのである。

　しかし，まもなく，このシステムが崩壊するときがやってくる。それまで支配されていた永松が田村の眼前で安田を殺害し，その肉を貪り食うのだ。このとき田村は，激しく嘔吐する。田村は，手記のなかで，その場面

を次のように書いている。

> 永松が飛び出した。素早く蛮刀で，手首と足首を打ち落とした。／恐ろしいのは，すべてこれらの細目を，私が予期していたことであった。／まだあたたかい桜色の肉を前に，私はただ吐いていた。空の胃から黄色い液だけが出た。／もしこの時すでに，神が私の体を変えていたのであれば，神に栄あれ。／私は怒りを感じた。もし人間がその飢えの果てに，互いに喰い合うのが必然であれば，この世は神の怒りの跡にすぎない。／そしてもし，この時，私が吐き怒ることが出来るとすれば，私はもう人間ではない。天使である。私は神の怒りを代行しなければならぬ。（178-179頁）

ここでは状況が目まぐるしく変化しているが，まずは田村が嘔吐していることに注目したい。田村は，永松の行為に嘔吐しているのではない。田村は，自己自身を嘔吐していると言うべきである。田村は，ずっと，間接的な形であれ，同胞の日本兵を殺し，食べてきた。そして，この時も，飢餓のなか安田の肉を無意識に欲していた可能性すらある。田村は，永松の姿を鏡にして自己の正体に出会う。フィリピン人女性を殺害した時と同様，田村の「吐き気」（実存的情動）は遅れてやってくるのだ。

しかし，田村は，ここで，思わぬ行動をとることになる。永松の銃を手に取り，「神の怒り」を代行すると称して永松を銃殺するのである。何が彼をそうさせたのか。「私は怒りを感じた」と田村は語っている。しかし，この「怒り」は，フィリピン人女性を殺したときと同様に，きわめて自己欺瞞的な「怒り」である。彼がその直前に感じていたのは，自己自身への根源的な違和であり，それが嘔吐で表現されているものだった。しかし，田村は，この実存的混沌に耐えきれず，それを永松への「怒り」へと変換し，永松を殺害するのである。

田村は永松を殺害することで二つのことを同時に行ったのだと言える。一つは，自らに混沌をもたらす存在の抹消である。田村は，耐え難い自らの正体を突きつけてくる永松を永遠に消そうとした。もう一つは，責任転

嫁による自己救済である。殺人と人肉食の責任を永松に転嫁したうえで永松を否定することによって，自己救済を試みるのである。田村は，「私はもう人間ではない。天使である」と語っている。田村は自らを「天使」と宣言する身振りのなかで，実は永松を「悪魔化」(demonize)，あるいは「非人間化」(dehumanize) している。永松を悪魔化（＝非人間化）することによって，彼に責任を転嫁しつつ，彼への暴力行使を正当化するのである。

　この殺害のプロセスは，田村がフィリピン人女性を殺害した時と同形のものである。おそらく彼女には，日本軍よる暴力の記憶があり，田村と出会ったとき，それが噴出した。日本兵・田村は，彼女のありったけの叫びに激しく動揺したが，存在が激しく揺さぶられたがゆえにその声を「獣」のものとし，彼女を「獣」として殺害したのである。とはいえ，先述したように，田村は，いったんは日本兵の仮面に逃げ込むが，間もなく「吐き気」を感じ，実存的情動に襲われることになる。しかし，今度はどうだろうか。「神の怒り」を代行する「天使」という仮面を被り，永松を「獣」として殺害した田村だが，後に再び「吐き気」に襲われることはなかったのだろうか。あるいは，「猿の肉」なら口にできた田村である。永松という「獣」の肉を拒むことはできただろうか。確かなのは，その後，田村が戦争神経症を発症するということである。

## 5　「吐き気」としての戦争神経症

　『野火』の根底には，戦争神経症に宿っている「力」とはどのような力なのかという問いがある。私たち読者もその問いの中に投げ込まれるが，これを思考するには，田村が戦場で何を経験したのかを知る必要がある。しかし，田村は自らの戦場体験の核心部分を語ることができない。田村は，永松や安田のことを「殺しはしたけれど，食べなかった」(196頁) と繰り返すが，本当は永松殺害以後の記憶が欠落している。田村にあるのは，そ

の後しばらくしてからのイメージの断片だけである。ところが，彼のトラウマ体験を雄弁に語っているものがある。彼の戦争神経症である。彼の身体上では，彼が語れない戦場体験の傷が繰り返し上演されているのだ。ここでは，田村の記憶の断片と田村の戦争神経症が表現するものをつなぎ合わせつつ，彼の身体に宿っている「力」を読み解きたい。

田村は手記の最終章で，自らの欠落した記憶を再構成すべく，記憶に残ったイメージの断片から永松殺害後の出来事に迫っている。そこで浮かび上がってくるのは，田村は，永松を殺害後，再び銃を手にして山中を彷徨っていたということである。彼はどうやらレイテ島の現地住民を食べようと野火から野火へと渡り歩いていたのだ。ここでは，かつての「左手」が銃を支えており，かつて彼に「嘔気」を強いた三八銃の菊の紋章上の「バッテン」は彼には「十字」（＝十字架）（194頁）に見えている。彼は，主観的には未だ「神の怒り」を代行する「天使」だったのだろう。しかし，なぜか，彼の周りでは，彼が殺した人間たちが亡霊のように「怖しい笑い」（195頁）を浮かべて彼を見つめている。田村は，手記の最終部分で，次のように語っている。

> 思い出した。彼らが笑っているのは，私が彼らを食べなかったからである。殺しはしたけれど，食べなかった。殺したのは，戦争とか神とか偶然とか，私以外の力の結果であるが，たしかに私の意志では食べなかった。だからこうして彼らと共に，この死者の国で，黒い太陽を見ることができるのである。／しかし銃を持った堕天使であった前の世の私は，人間を懲すつもりで，実は彼らを食べたかったのかもしれなかった。野火を見れば，必ずそこに人間を探しに行った私の秘密の願望は，そこにあったかもしれなかった。（196頁）

田村は，自分が現地住民を標的にした人間狩りをしていた可能性を認めている。しかし，彼はあくまで永松や安田を食べたことは否定する。「殺しはしたけれど，食べなかった」と。ただし，彼はこう続けるのである。「たしかに私の意志では食べなかった」（強調は福本）。ここで決定的に重

要だと思われるのは，田村のレイテ島山中での記憶の中に，彼が殺害したフィリピン人女性，安田，永松の3人が「怖しい笑い」を浮かべて現れていることである。この3人の死者は，「食べなかった」と書く田村をずっと見つめている存在で，手記の中では田村と一緒に「黒い太陽」を見つめている。この「黒い太陽」とは，何なのか。確かなのは，田村がけっして語ることのできない暗黒部を抱えているということ。そして，田村はその暗黒部に見つめられているということである。

　田村が語れるのはここまでである。しかし，彼の戦争神経症は，彼が語れないことをも語っているように思える。彼は，次のように書いている。

　　だから五年後，私が再び食膳を前に叩頭する儀式を恢復し，さらにあらゆる食物を拒否するようになった時も，私としては別におかしいとも，止めねばならぬとも思う根拠はないわけである。再び私の左手が右手を握るようになったのも，神であろうか，何か私とは別のものに，動かされているのであるから，やむをえない。私は外から動かされるのでもなければ，繰り返しはいやである。（182頁）

田村の戦争神経症は一時治まっていたが，俘虜病院に収容されてから五年後，つまり1950年ごろに再発することになる。食膳を前に叩頭する反復強迫が戻ってくるのである。田村の無意識は，食べる前に「詫びる」（181頁）。そして，その身ぶりは，やがてあらゆる食物を拒否する拒食に転じる。注目すべきは，かつてフィリピンで田村の人肉食を止めた「生きた左手」が戻ってきているように見えることである。かつては田村の人肉食を拒んだ「左手」，後には銃を支えて殺人と人肉食の道具となった「左手」が，ここでは再び右手を握り，今や田村を餓死させようとしているのである。しかし，この「左手」は，かつての「生きた左手」と同じではないだろう。一度否定されたものが，彼が殺した死者たちのまなざしとともに，別の強い力として回帰してきていると言うべきである。田村には，食べることに関わる激しいトラウマ体験があるのだと考えざるをえない。すくなくとも田村の無意識は，田村の意識が否認し続けていることを認めている

ように見える。

　帰還兵・田村の身体には，あたかも外から到来したかのようにして内側から彼を動かす強い「力」が宿っている。この「力」は，彼の意志や意識とは関係がない。それは，もともと田村が殺人や人肉食をしようとするときに彼を止めようとした「力」だったが，実際の殺人や人肉食を経て，別のものに変質している。戦場において，それは，「人格」の解体にともなうコントロールできない実存的情動として「吐き気」や「嘔吐」という形で出現していた。そして，その情動が，戦後，彼が殺した者たちのまなざしとともに彼の身体に残存し，彼の命を脅かすほどの「力」として生き続けているのである。

## 結びにかえて：「吐き気」を生きること

　『野火』において，主人公・田村の戦争神経症は，東京郊外の精神病院のなかに隔離されている。しかし，戦争神経症は，医学や精神病理学の視点だけでは到底捉えられない。そもそも，この戦争神経症は，近代日本が選択した戦争と植民地主義の必然的な帰結であり，しかも，その選択への根源的な異議申し立てだからである。しかし，1950年代はじめ，戦後日本は，この戦争神経症を，社会にとって不都合な忘れ去るべきノイズとして周縁化しようとしていた。『野火』は，まさにこのような時代状況に逆らって，帰還兵の身体に光をあて，それに対して文学的想像力を与えようとしたのだといえる。

　その意味で，『野火』の物語において田村の戦争神経症が朝鮮戦争に反応して再発していることは重要である（182-184頁）。病院の外では，戦後日本が，沖縄の民を切り捨て，旧植民地出身者から国籍を剥奪し，朝鮮戦争への協力を通して「戦後復興」を始めようとしていた。そのような場所で，病院に隔離された田村の「傷」が激しく反応しているのである。確かに，田村も半分はそのような戦後日本の体制に順応している。たとえば，

田村は，レイテ島の教会の脇に転がった日本兵の死体を想起する際，「平穏な市民の観照のエゴイズム」から当時は感じなかった「嘔吐感」（86頁）を感じている。しかし，田村の身体は，同時に，まったく別の反応を始める。先に確認したように，田村の「左手」が，再び右手を握り始めるのである。これは，田村の身体が，平穏な市民の嘔吐感とはまったく異なる「吐き気」（実存的情動）に襲われていること意味する。田村は，無意識の底で，人間を殺している自分，人間を食べている自分を感じとっている。戦後日本は，このような人物を「狂人」（181頁）と見なし，その戦争神経症を「病」として治療しようとするだろう。しかし，『野火』は，戦後日本を睨み返し，田村の身体に宿る「吐き気」（実存的情動）のほうを肯定するのだ。
　『野火』は，「人間が人間を殺し，人間を食べる」という現実のなかで，それでも人間のなかでうごめいているそれに抵抗する「倫理的なもの」を見つめている。人間は騙されやすい。国家や権力，他人によって騙されるだけでなく，自分でも自分を騙して，人間を殺し，人間を食べる。しかし，それでも人間は，「吐き気」から逃げることはできない。私たちがいま『野火』を読み，嘔吐感を感じるとしたら，それは「平穏な市民の観照のエゴイズム」だろうか。それとも，私たちの身体にひそむ実存的情動のうごめきだろうか。現在も朝鮮戦争は終わっておらず，沖縄の民は切り捨てられたままである。私たちの「吐き気」はまだやってきていない。


注
1　本稿における小説『野火』からの引用は，すべて大岡昇平『野火・ハムレット日記』（岩波書店，1988年）により，本文中にはページ数のみを記す。
2　柴田勝二は，『野火』における「倫理的なもの」の特徴を「他者性」「外在性」という言葉で説明し，主人公・田村が一貫してこの「力」に捉われていることを的確に指摘している。ただし，柴田の批評は，この「力」の起源を田村の「美的なもの」に対する態度に求めており，作品解

3　亀井秀雄は,『野火』と「俘虜記」のテーマ上の一体性を指摘しつつ,『野火』における「倫理的なもの」を的確にも「まるで外から働きかけられたかのごとく自分の内側からあらわれてくる何ものか」(亀井［1979］97頁)という言葉で表現している。亀井の批評は,残念ながら戦争神経症についての考察を欠き,細部の読解には同意できない点が多いが,その結論部には,大岡作品の核心部分をとらえたきわめて示唆に富む記述がある。亀井によれば,大岡作品とは,「どのような場面においても自分の存在は他人の存在と支え合っているという原則の発見である」(亀井［1979］97頁)。

4　田村の戦争神経症の原型は,大岡がフィリピンの俘虜病院で実際に目撃した兵士の症状にあると思われる。「精神そのものを傷められている患者もいた。一人は二十四五の若い兵士で,食事にあたって一種の儀式を行う。毎食皿の前に端坐し,暫し瞑想してから深く叩頭し,それから初めて匙を取る。山中で飢餓に悩んだ名残であろう」(大岡［1967］166頁)。

5　田村は,帰国後,妻と離婚しているが,「私としては,始終独りになりたい,という止みがたい欲望が続いていたにすぎない」(182頁)と述べている。彼の内側には,無意識であれ,彼自身を責め苛む「力」がうごめいている。

6　まったく,田村とは状況も理由も異なるが,大岡昇平自身がフィリピンの戦場において銃を捨てた経験があった。大岡昇平の「敗走紀行」(『ある補充兵の戦い』所収)には,次のような言葉がある。「敵前武器放棄が死刑であることはいくら補充兵でも知っている。知りながら,私が敢えて銃を捨ててしまったのは,その行為の瞬間,結果の予想が頭に浮かばなかったからである」(大岡［2010］182頁)。

7　田村は,彼が殺害したフィリピン人女性の目をしっかり記憶している。「女の顔は歪み,なおもきれぎれに叫びながら,眼は私の顔から離れなかった。私の衝動は怒りであった。／私は射った」(92頁)。

## 参考文献

大岡昇平［1953］,「創作の秘密——「野火」の意図」『文学界』7巻10号,104-117頁。
―――［1967］,『俘虜記』新潮社。
―――［1988］,『野火・ハムレット日記』岩波書店。
―――［2010］,『ある補充兵の戦い』岩波書店。

亀井秀雄［1979］,「大岡昇平の手——精神の宿り」冬樹社編集部編『大岡昇平（現代作家入門叢書）』冬樹社, 79-97頁。
グロスマン, デーヴ, 安原和見訳［2004］,『戦争における「人殺し」の心理学』筑摩書房。
サルトル, J.-P., 松浪信三郎訳［1999］,『存在と無（上）』人文書院。
柴田勝二［2003］,「審美的な兵士——『野火』の狂気と倫理」亀井秀雄編『大岡昇平「野火」作品論集』クレス出版, 214-242頁。
ネルソン, アレン［2006］,『元海兵隊員の語る戦争と平和（沖国大ブックレット——沖縄国際大学公開講座 No.13)』編集工房東洋企画。
―――［2010］,『ネルソンさん, あなたは人を殺しましたか？——ベトナム帰還兵が語る「ほんとうの戦争」』講談社。
ブーバー, マルティン, 植田重雄訳［1979］,『我と汝；対話』岩波書店。
吉田凞生［1992］,「大岡昇平年譜」金井美恵子他, 大岡信, 高橋英夫, 三好行雄編『大岡昇平（群像日本の作家19)』小学館, 331-339頁。

［新潟県立大学＝英語圏文学・思想］

# 5 武力行使に対する人権アプローチの規制の可能性

平和への権利国連宣言の議論から

笹 本 　 潤

## はじめに

　イラク戦争のとき,「平和への権利があったら,戦争を止められたのに！」と言ったのは,平和への権利の国際キャンペーンを始めたNGOメンバーだ。

　国連憲章は,武力行使の禁止を原則にしつつ（憲章2条4項),その例外は,集団的安全保障を定めた憲章42条の強制措置の場合と,各国の自衛権（個別的,集団的）を定めた憲章51条の自衛権の発動の場合の二つに限定している。

　武力の行使や軍備の規制に関する国際法は,国連憲章のほかに,国際人道法,国際人道法違反などを刑事訴追する国際刑事裁判所,核兵器や地雷などの兵器や武器移転の規制に関する国際条約など,いくつかの規制があるが,いずれも特定の分野に限定した規制であり,武力の行使一般を対象に規制しようとするものはない。

　国連憲章を遵守させるための強制機関が存在しないため,遵守させるには安全保障理事会の決定に基づく軍事行動以外は,各国による制裁などの事実上の強制しかない。しかも安保理常任理事国の武力行使については,拒否権が行使され規制されることもない。また,安保理の軍事的な強制措置や各国の自衛権の行使の是非が問題となる場面では,それを判断するの

は国連の政府代表や各国家であり，国家間の利害関係や各国の国益や政策に基づいた判断をするため，武力行使によって一番影響を受ける個人の利益は必ずしも反映されない。

　そこで注目したのが，武力行使の規制に対する人権アプローチである。人権アプローチは，国家が他の国家に義務を負うという規制とは異なり，国家が個人に義務を負うという規制である。人権アプローチのなかで，安全保障の分野に関するものは，2016年12月に国連総会で採択された平和への権利国連宣言（UN Declaration on the right to peace）が挙げられる。約8年にわたる国連人権理事会における審議の中では，国家の安全保障上の権利と個人の人権アプローチが対立する場面が見られた。

　戦争や武力の行使によって被害を受けるのは，一人ひとりの人間である。個人が主体となって，国家の武力行使や戦争のあり方に対して異議を唱え，必要な行動を要求することができる権利として平和への権利を捉えることができる。また，平和への権利や平和的生存権は，国家の利益ではなく，個人や民衆の利益を守るための概念であり，世界政治の過程に参加する媒介概念だとも考えられる（松井［1981］9頁）。

　本稿では，平和への権利がNGOや国連人権理事会で取り上げられてきた背景と成立過程を踏まえ，国連の審議のなかで各国政府が安全保障と平和への権利の関係をどのように捉えていたかの分析を通じて，平和への権利の武力の行使に対する規制の可能性を明らかにすることを目的とする[1]。

　筆者は，国連人権理事会の平和への権利に関する多くの諸会議にNGOの立場で参加してきた[2]。各国政府やNGOの発言や行動を現場で観察することによって，平和への権利という人権アプローチの可能性を知ることができた。

## 1　人権アプローチの有効姓

人権規範による規制は，個人の権利侵害という事実に基づく判断なので，

価値判断や政治的判断を多く含む安全保障上の議論よりも，客観的な判断になじみやすい。たとえば，安全保障上自衛や武力行使をするための判断には，攻撃の相手が脅威を与えていると言えるか否か，どの程度の反撃をすべきか否かという価値判断や，国家間の外交的な利害関係などの政策的な判断を伴う。これに対して，たとえば平和への権利の一つの例である平和的生存権を侵害したか否かの判断は，「平和に生きる」という実態に注目した判断であり，権利侵害の有無を比較的，客観的に判断しやすい。また，核兵器禁止条約や対人地雷禁止条約の成立過程において取られた人道アプローチも，兵器を使用した場合の非人道的な結果という被害事実に着目したアプローチである。

2017年7月に国連で採択された核兵器禁止条約においては，1990年代から2010年代にかけての国連などの議論では，核兵器の使用による人類に対する壊滅的な被害や環境破壊を強調した人道アプローチが重視されるようになってきた。人道アプローチは，核兵器の抑止力や安全保障面の効用など政策的判断とは異なる次元からのアプローチである。安全保障上，核の抑止力が必要だという立場に立ったとしても，核使用の非人道的な使用結果は認めざるを得ないという形で，核兵器禁止条約に向けた議論が展開されていった。核兵器の非人道性をテーマにした国際会議が，2013年，2014年にノルウェー，メキシコ，オーストリアで開かれ，またノーベル平和賞を受賞したICAN（核兵器廃絶国際キャンペーン）などNGOの活動によって，核兵器の非人道性に関する国際世論も大きくなっていった。このような人道アプローチが，核兵器禁止条約の採択に結びついた大きな要因の一つである。

1997年に成立した対人地雷禁止条約の審議過程においては，安全保障上，対人地雷兵器がどこまで有効かという政治的な議論から，地雷という兵器により足を吹き飛ばされた被害が多く生じているなど，対人地雷使用の非人道性を強調した議論に移行させることがNGOなど推進派の中で意識された。条約の成立過程に重要な役割を果たしたNGOのICBL（地雷廃絶国

際キャンペーン）は，各国政府に条約の締結を働きかける際に，対人地雷問題を軍縮問題でなく人道問題であると位置づけた（目加田［2003］85頁）。

　ジェンダーや環境保護などの問題に関しても人権アプローチが見られる。環境問題については，1970年代から，国際的な環境保護の必要性が唱えられ，環境問題を人権問題として捉える国際的な法的文書が登場する。1981年のアフリカ人権憲章24条の「すべての人民は，その発展に有利な，一般的で満足できる環境に対する権利を有する」，1988年の米州人権条約追加議定書11条の「すべての者は，健康的な環境において生活する権利を有する」などである。これらは，政府の環境エネルギー政策に対して，人権侵害というアプローチから環境問題を捉えるものである。人権アプローチでは，国の経済開発政策の問題とは区別して，人間が健康的な環境で生きていけるか，という人権侵害の視点から，環境の規制を判断するものである（花松［2005］など）。

　平和や安全保障の分野における例としては，日本国内の例ではあるが，日本の平和的生存権が人権アプローチの一つと考えられる。日本国憲法は，憲法9条で戦争や武力の行使に訴えることを放棄し，戦力や交戦権を否認している。これとは別に，憲法前文で，平和のうちに生存する権利が書かれている。平和のうちに生存するする権利について少数ではあるが，いくつかの裁判例で安全保障の問題とは異なる人権の視点からの判断がなされた。

　1970年代に，北海道長沼町の自衛隊の基地にミサイルが配備されることに伴い，住民の平和的生存が侵害されているとして，自衛隊の憲法9条違反とともに，平和的生存権の侵害を求めて長沼裁判が起こされた。1973年の札幌地方裁判所判決は，敵基地から攻撃を受けない権利として平和的生存権を捉えた。また，2003年のイラク戦争時に自衛隊がイラクに派兵されたことに対して，憲法9条違反と平和的生存権違反を求めた自衛隊のイラク派兵違憲訴訟においては，2008年の名古屋高等裁判所判決は，市民が戦争行為への加担を強制されない権利として平和的生存権を捉えた。

これらの判決での平和的生存権に関する判断は，自衛隊のミサイル基地の設置の是非や自衛隊の海外派兵の是非自体の法的判断や政策判断とは別に，住民や市民などの具体的な人間を想定して，人権侵害の有無が判断された。

　国家の安全保障に対する人権アプローチについては，従来から国家の安全保障と人権や人間の安全保障の関係の中で議論されてきた。

　たとえば，国際政治におけるリアリストの主張する国家の安全保障論によれば，国際人権の効力は法的拘束力を有せず，国家の利益に基づいた国家の安全保障が人権保障に優先すると主張する。また，リベラリストは，国家間で協調可能なレジームや規範を通じた人権保障も達成できると考えるが，実際に人権が完全に達成できていないのは，国家の安全保障上の利益の存在を考えざるをえない（Dunne and Wheeler［2004］pp.11-15）。

　各国家は，国家の防衛や利益を追求する一方で，国際人権を認め条約も批准しているし，国連憲章における目的の一つに人権保障が上げられている（1条3項）ことも承認してきているのであるから，国際人権の尊重が国家の安全保障に対して影響することを全く否定することはできない。むしろ国家の安全保障と人権保障の関係は，両者をいかに調整していくかという問題にならざるを得ない。

　平和への権利が創設されれば，国家の安全保障上の行動をとるにあたって，平和への権利との調整をしなければならなくなり，その点で国家の安全保障上の措置は無制約ではなくなる。ここに平和への権利の意義が見いだせる。本稿では，国際的な平和や安全保障全般の分野において，平和への権利が人権アプローチの一つとしてどのような可能性があるかを見ていく。

## 2　平和と人権

2016年12月に国連総会で採択された平和への権利国連宣言は，条文の本

文は5条からなる。第1条には，すべての人が平和を享受する権利（right to enjoy peace）があることが定められており，第2条では，恐怖と欠乏からの自由を保障する国家の義務が規定されている。第3条は，ユネスコなど国連機関と各国家が宣言の実施をすべきこと，第4条は平和のための教育を国連平和大学などで促進されるべきこと，第5条はこの宣言の解釈が国連憲章などの国際法規に従って理解されなければならないこと，が書かれている。[3]

戦後はじめて国際人権を宣言した世界人権宣言（1948年）では，「平和への権利（right to peace）」という名の確立した国際人権はなかった。その後，数十年の歴史の中で，多くの国際人権宣言や人権条約が成立し，人権条約を実施する機関もでき，発展の権利や先住民の権利など新しい人権も登場してきた。一方，平和をめぐる国際社会において冷戦や軍拡競争の激化により，平和を渇望する機運が世界的にも高まり，「平和への権利（right to peace）」という名の権利が，国連や地域（アフリカや ASEAN）に登場してきた。国連では，1970年代以降，国連総会や国連人権委員会（現，人権理事会），ユネスコなどの諸決議で取り上げられてきた。

また，平和と人権の関係という視点から平和への権利の意義をみてみると，国際連合が，ナチスの人権侵害が平和自体を破壊するという苦い経験から，人権保障を憲章の目的の一つ（1条3項）にして以来，平和のために人権保障は不可欠という認識が国際社会にあった。また，人権保障を実現するうえで平和な社会の実現は不可欠だという認識もあり，[4]平和と人権が相互に深い関係があるという認識は国連でも存在していた。しかし，「平和への権利」はさらに一歩踏み出して，平和を人権とすることによって，個人が直接に平和や安全保障の分野に関して要求することができるという考えである。

NGO の運動としては，2003年のイラク戦争が出発点となって国際キャンペーンが始まった。世界中の多くの市民がイラク戦争に反対するデモンストレーションを行ったにも関わらず，アメリカは国連安保理の同意や授

権を得ずに，戦争を開始した。これに対してスペインのNGOの一つであるスペイン国際人権法協会が，冒頭にも挙げたように，平和に関する人権があれば，人権を奪えないからイラク戦争への規制になり得たのではないかと国際的にアピールをはじめ，世界のNGOが集まって平和への権利宣言案を作成し，国連に法典化を働きかけることで，国連も本格的に動き出した。

## 3　平和への権利国連宣言が採択されるに至った経緯

1978年の国連総会決議「平和的生存のための社会の準備に関する宣言（Declaration on the preparation of societies for life in peace）[5]」は，ポーランド政府のイニシアティブで，アメリカとイスラエル2ヵ国の棄権で138ヵ国の賛成，反対0で採択された。また，1984年の国連総会決議「人民の平和への権利宣言（Declaration on the Right of Peoples to Peace）[6]」は，モンゴルなどの諸国がイニシアティブを握ったが，人民の権利（right of peoples to peace）が対象とされたため，個人の人権と言うよりは，伝統的な国家間の権利義務の関係としての権利と捉えられた。採択の結果は，賛成92ヵ国，反対0，棄権34ヵ国であった。

これら二つの国連総会決議は，その後，国際法典化の作業まで行き着かなかったが，2008年以降の人権理事会の審議のベースとなる決議であった。これらの国連総会決議は，冷戦下での核戦争，軍拡競争の危機を背景にしていた。

1990年代になると，人権委員会やユネスコでも平和への権利についての議論が行われた。人権委員会は，2001年から2005年にかけてキューバ政府がイニシアティブをとって，「人民の平和への権利促進」や「すべての人が人権を享受できるために決定的に必要な平和の促進」決議が多数決で採択されてきた。人権委員会の審議の状況は，たとえば反対国（主に西欧諸国）のベルギー政府は，人民の権利という集団的な権利は，国家の国家に

対する権利であり，国家対人権の関係を扱っていないとして反対し，カナダ政府は，そもそも平和への権利の議論の場を，人権委員会でなく，国連総会や安保理の場にすべきと主張した。[7] 人権委員会時代の議論は，人民の権利としての平和への権利が認められるか，個人の人権として認めるかという，平和への権利をめぐる初期の段階での議論と位置づけられる。その後2006年からの人権理事会において，本格的な法典化作業に入っていく。

2000年代に入ると，NGOの国際的な活動や国連人権理事会の審議が活発に行われるようになった。スペイン国際人権法協会が2005年からスペイン国内で多くのNGO会議をもち，ルアルカ宣言（2006年）などのNGO草案を作成し，2007年から本格的な国際キャンペーンを行った。世界の数十ヵ所で国際NGO会議を持ち，2010年には世界のNGOの総集成である「サンチアゴ宣言」をスペインのサンチアゴ・デ・コンポステーラで採択した。スペイン国際人権法協会の狙いは，国家同士の権利義務の伝統的枠組みから，個人の権利として，平和への権利を確立するところにあった (Durán and Pérez [2010] pp.61-76)。

NGOの国際キャンペーンには，NGOだけでなく，ILO,UNESCO, UNHCR,など国連の機関，研究者，大学教授，議員，裁判官，弁護士などの専門家の参加もあった (Durán and Pérez [2010] p.63)。そして，作成したルアルカ宣言，サンチアゴ宣言を国連人権理事会で発表し，提出した。

国連人権理事会では，2008年以降，平和への権利を国際法典化することを促す決議が毎年採択された。キューバ政府がイニシアティブを握り，約3分の2以上を占める途上国を中心とした賛成国の投票により法典化に向けた決議が毎年採択された。

2010年6月の人権理事会決議では，国連宣言の草案作成が人権理事会のシンクタンクである諮問委員会に依頼された。[8]

諮問委員会は，NGOのサンチアゴ宣言や過去に採択された国連文書を参照し，また各国政府やNGOに対するアンケート調査により意見集約をして草案を作成していった。諮問委員会の2011年の経過報告書では，ヨハ

ン・ガルトゥング（Johan Galtung）の平和理論などが取り上げられ，狭義の戦争の問題にかぎらず，構造的暴力や積極的平和の概念が取り入れられた[9]。諮問委員会草案の「第2条　人間の安全保障」には，これらの二つの概念が明記されている[10]。

　諮問委員会草案は，2012年4月に作成された。全部で14条からなる詳細な草案である[11]。項目だけ列挙すると，諸原則（1条），人間の安全保障にかかわる権利（2条），軍縮の権利（3条），平和教育の権利（4条），良心的兵役拒否の権利（5条），民間軍事会社への規制（6条），圧政に対する抵抗権（7条），平和維持活動の人権侵害の規制（8条），発展の権利（9条），環境に対する権利（10条），被害者の権利（11条），難民・移住者の権利（12条），義務の履行に関する条項（13条），最終条項（14条）である。

　諮問委員会草案の作成後，2013年から2015年に3回にわたって政府間作業部会が開かれた。政府間作業部会は，法典化を進める立場にある諮問委員会の会議と違って，平和への権利の創設に対する賛成国，反対国も交えての会議なので，国家の安全保障面など政治的な主張も表れ，対立が先鋭化する場であった。作業部会議長（コスタリカ）がコンセンサスで議事を審議すると宣言したことで，反対国も議論に参加して反対意見や懸念を表明した。反対国は，諮問委員会草案を議論の土台とすることや権利の創設自体に反対した。これに対し，作業部会議長はコンセンサスに達しうる提案を会議の度に行い，粘り強くコンセンサスでの採択を目指した。最終的には，意見の対立が解消されなかったため，人権理事会における提案国であるキューバが投票にかけることを提案し，2016年7月に人権理事会で投票が行われ，約3分の2の賛成多数により国連総会に提案する草案が採択された[12]。

　コンセンサスを目指した審議から投票にかけられた際に，当初の諮問委員会案の14条の条文がわずか5条の条文の提案に減縮されたのは，賛成国が，議論が紛糾しやすい条項はできるだけ避けつつ，将来には反対国からも合意が得られそうな抽象的な少数の条項に絞って人権理事会に提案した

ためである。賛成国が数の上で多数を握っていたことを考えれば，諮問委員会案に近い詳細な条文を人権理事会に提案して採択することは可能であった。しかし，国連における権利の創設にあたっては，賛成国のみに適用される権利宣言では普遍性が失われるから，将来的に反対国からも同意が得られる可能性を有する少数の抽象的な条文の採択が求められた。

　具体的には，大きく意見が対立したのは，平和への権利という新しい権利の創設を認めるか否かであった。その条文を中心に見てみると，第1回の作業部会（2013年）では，諮問委員会案が草案として提案され，それに対して反対国（北米，ヨーロッパ諸国，日本，韓国）は，現在の国際法上そのような権利の創設は認められないとして，"right" という文言の削除を主張した。

　そこで作業部会議長は，第2回の作業部会（2014年）では，"right to life in which all human rights, peace and development are fully implemented" と，自由権規約第6条で認められている「生命の権利」に「平和が十分に実現できる」という修飾語が付いた条文案を提案した。[13] 第1回作業部会における反対国をかなり意識した提案だった。しかし，審議の中では，新しい権利の創設にふさわしい表現の条文が望ましいという意見が強かった（武藤［2015］）。

　第3回作業部会（2015年）では，作業部会議長は，"be entitled to enjoy peace" という案を提案した。これは，"right" という表現を認めない反対国と新しい権利の創設にふさわしい表現にすべきという賛成国やNGOの意見の折衷案ともいうべきものだった。それでもコンセンサスに達しなかったので，3回の作業部会を経て，最終的に人権理事会に提出した議長案は，"right to enjoy peace" と第3回作業部会の当初に提案した議長案よりも一歩権利性を認めた表現の条文を提案した。[14]

　この議長の最終提案を受けて，平和への権利の法典化を進めてきたキューバ政府らは，作業部会議長案を尊重して，"right to enjoy peace" という表現の条文案を人権理事会に提出して採択された。

表1　平和への権利国連宣言が国連総会で採択されるまで

| |
|---|
| 1978年　国連総会で「平和的生存のための社会的準備に関する宣言」決議 |
| 1984年　国連総会で「人民の平和への権利宣言」決議 |
| 2003年　イラク戦争始まる |
| 2006年　スペイン国際人権法協会，平和への権利国際キャンペーン始まる<br>　　　　ルアルカ宣言採択 |
| 2008年〜2015年　国連人権理事会で「平和への権利国際法典化促進」決議 |
| 2010年12月　NGO草案「サンチアゴ宣言」採択 |
| 2012年4月　国連人権理事会・諮問委員会による「平和への権利宣言」草案作成 |
| 2013年2月，2014年7月，2015年4月　人権理事会政府間作業部会第1〜3会期 |
| 2016年7月　国連人権理事会で「平和への権利国連宣言案」を採択 |
| 2016年12月19日　国連総会で「平和への権利国連宣言」が採択 |

　以上のような経緯で国連総会に提出された宣言草案は，反対国との妥協の結果，当初の諮問委員会案の14条の条文から，わずか5条の条文に減縮されて，2016年12月19日の国連総会において採択された。投票結果は，賛成131ヵ国，反対34ヵ国，棄権19ヵ国だった。反対国は，ヨーロッパ，北米諸国，日本，韓国であった。日本政府は人権理事会で審議が始まった当初から反対票を投じている。国際人権の創設に必ずしも消極的でないヨーロッパ諸国は，国家の安全保障に関わるような分野の権利の創設に関わっていたから，統一して反対票もしくは棄権票を投じたのであろう。EU諸国は国際組織において共通の立場を堅持することが欧州連合条約で定められている。人権理事会の審議の中でも，EU諸国を代表しての発言があったのは，共通の立場を取ることが内部では決まっていたのであろう。一方，途上国グループやロシア，中国などは，それらに対抗として賛成に回ったものと考えられる。

## 4　国連での審議から見えたもの

### 1　ソフトローとしての平和への権利国連宣言

　国連総会決議として採択された宣言の効力については，条文の体裁はと

っているものの政治的な宣言にすぎないので，法的拘束力を有しないソフトローとみられている。しかし，長期的にみると，ソフトローの成立は将来の国際人権条約の成立のための第一歩となりうる。実際にも今まで成立した国際人権条約は，その成立に先立って国連総会による権利や保護宣言が採択されてきている（Pividori［2013］p.109）。拷問禁止条約（1984年）に先立つ1975年の「拷問等から保護する宣言」，強制失踪条約（2006年）に先立つ1992年の「強制失踪者を保護する宣言」，子どもの権利条約（1989年）に先立つ1959年の「子どもの権利宣言」など，国際条約が成立するよりも以前に国連総会で宣言が採択されてきたという国際人権の発展の実例がある。

　2016年に国連総会で採択された平和への権利国連宣言も，ソフトローの一種ではあるが，各国政府とも将来の国際条約化を念頭に真剣な議論が行われ，反対国も最後まで審議に参加し，活発に反対意見を述べたことからも，将来の国際条約化を見据えた議論がされていた。筆者が会議に参加して観察したところ，反対国の方がむしろ準備を十分にして発言をしていた印象である。

　そこで，国連総会で採択された5条からなる条文でなく，そこに至る審議の土台となった14条からなる諮問委員会草案をめぐる議論を中心にして，平和への権利が国家の安全保障上の権利とどのような関係にあるかを検討する。国連総会で採択された5条からなる条文は，第3節で述べたように，将来のコンセンサスを見越した賛成国と反対国の妥協の産物である。むしろ将来の条約化を想定すると，諮問委員会草案で取り上げられたような平和への権利の内容が，国家の安全保障上の権利との衝突や調和の中で，どのように条約の中に取り込まれるか，を分析の対象にした方が，平和への権利の可能性を知ることができる。

　以下に取り上げる論点は，国家の安全保障上の権利と平和への権利の対立が顕著に表れていたと考えられるものである。なお，引用元の参照がない政府の発言は，筆者が会議に参加の時に作成したメモに基づく。

## 2　議論された論点

### （1）安保理か人権理事会か

2001年の人権委員会での審議では、カナダ政府は、「（平和への権利は）国連総会、安全保障理事会、軍縮会議など他の場で扱うのが適切である」との発言をした[16]。また、諮問委員会草案に関する審議においても、アメリカ政府は2011年に「特に国連安保理という他の国際機関があり、そこでは、国際的な平和と安全保障に関する事項を討議するのにより適している」と、人権理事会で議論すること自体に反対していた[17]。

平和への権利は、人権の一つとして提案され、人権理事会決議に基づいて草案化のプロセスが進行しているのであるから、国連人権理事会で議論されること自体は妥当である。人権理事会ではなく安全保障理事会で審議すべきと、上記のアメリカなどが人権理事会での審議を強く反対するのは、安保理の常任理事国の拒否権に対する制限へ警戒や、軍事同盟に基づく軍事行動への規制を警戒しているためと見ることができる。

国連においては、国連憲章上安保理において拒否権という特権を持っている安保理常任理事国の影響が大きい。たとえば、国際刑事裁判所の侵略の罪の訴追をどの機関がすべきという議論が行われたカンパラ（ウガンダ）の締約国会議では、訴追するにあたっての安保理の同意をめぐり議論がなされ、最終的には検察官や締約国の訴追権と安保理の訴追権を併記することになった（Wenaweser [2010]）。本来ならば、重大な国際人道法違反の訴追の権限について、独立した検察官に委ねた方が、政治的な中立性は保たれると思われる。それを安保理の同意が必要だとすると、安保理常任理事国に所属する個人の戦争犯罪者に対して訴追は事実上不可能になる。安保理常任理事国はそれを避けるために、侵略の罪の訴追に安保理の同意が必要との主張に執着したのである。

この国際刑事裁判所上の侵略の罪の議論と同じように、平和への権利の議論においても、国際平和に関する事項の判断を国連人権理事会がするとしたら、安保理の権限の制限につながるおそれがあるため、安保理常任

事国を含むアメリカとヨーロッパの諸国は，このようなフォーラム（議論の場）自体を問題にしたのである。

逆に，平和への権利の効果という視点から見れば，平和への権利が将来国際人権として確立した場合に，現行の安保理の国際平和に関する権限に対して，人権理事会が人権侵害の側面から関わる可能性があることをアメリカやヨーロッパ諸国などの反対国が明らかにしたとも言える。

（2）政府間交渉や軍縮会議に委ねるべきか否か

2013年2月の作業部会第1会期において，アメリカ政府は，諮問委員会草案第3条の軍縮の権利についての審議において，軍縮問題全般の問題として，以下のような発言をした。

> 軍縮と大量破壊兵器の拡散に関して，アメリカは極めて真剣にこの問題に取り組んできた。私たちは，この数十年，兵器の大量生産と拡散に対してたえず反対してきた。（中略）しかし，人権理事会は軍縮の議論にとってふさわしい場ではない。軍縮の問題を扱っている国連または国連傘下の機関や事務所は少なくとも6つある。ジュネーヴには軍縮会議があり，ウィーンにはIAEAがあり，ニューヨークには総会第1委員会，国連軍縮委員会，軍縮問題国連事務所，そしてもちろん安全保障理事会がある。

また，武器貿易についても，「人権理事会が，誤った定義の新しい人権を勝手に創設する議論をすることにより，混乱させられないように進行されなければならない」として，核軍縮や武器取引など軍縮問題は，政府間交渉や既存の国連の機関に委ねるべきと発言した。

核兵器に関しては，平和への権利国連宣言が採択された2016年12月の時点では，NPT条約や米ロ二国間交渉において，核不拡散体制や核削減交渉が行われてきた。しかし現実は，核不拡散の効果は，非加盟国による核保有や北朝鮮の脱退など，必ずしも厳格に守られていない。また核保有国の核兵器の削減についても，いまだに核弾頭が14,935発[18]もあるのが現状である。その原因の一つに，核保有国の軍縮義務の不履行や核保有を合法化

できる核不拡散体制や，軍事的ヘゲモニーを維持しようとする大国同士の交渉の限界が挙げられる。ジュネーヴの軍縮会議も，コンセンサス方式でしか意思決定できないので，大国の許容する範囲内での軍縮しかできない仕組みになっている。

　そのような状況の中で，平和への権利の一つとして軍縮の権利が，個人に認められるとすると，新たな視点を持ち込むことになる。特に，諮問委員会草案の第3条の軍縮の権利のように，個人が各国政府に対して核の廃絶を要求する権利として捉えると，各国政府によるパワーバランスや抑止力に基づく交渉とは異なった，人間中心の側面から国家の義務が判断されることになる。別の言い方をすれば，核廃絶を目指した国際会議や二国間交渉などで核廃絶が合意に至らなかったとしても，平和への権利の一部である軍縮の権利として，人権侵害の視点から大量破壊兵器などの兵器に規制がかかる可能性がある。

　1980年代に戦後30年以上にわたる核軍縮交渉に見るべき成果がないことについて，坂本義和は，「何よりも交渉の当事者が，核兵器体系の開発・生産・保有に既得権益をもつ政府であるということによる」と指摘しているが，政府間にまかせて核兵器が削減されていないことは現在においても当てはまる。それだからこそ「核軍縮は市民の権利である」のである（坂本［1981］26-28頁）。

　軍事力の行使や軍備についての権限を，政府に委ねるかどうかという問題は，平和は目標なのか権利なのか，ということにも関わる。アメリカ政府は，同じく作業部会第1会期（2013年2月）において，「平和は，人権ではなく，既存の人権を実行して実現できる目標である」と発言した。平和の問題を，目標や政策の対象とするだけでなく，平和を権利とすれば，国連や国家は多数決ではそれを奪えないことになり，政府の立場からみれば，平和への権利が政策遂行にとっての足かせになる（坂元［2013］123頁）。したがって，この「平和は目標なのか権利なのか」という問題は，平和への権利の意義が問われる本質的な問題である。軍縮の権利おける上記のア

メリカ発言は，そのような意味を含意する。

これらの議論は，冒頭の「国家の安全保障と人権アプローチ」で触れた議論の焼き直しでもある。軍縮問題を市民が直接に手の届かない政府に委ねることになれば，国家の根本的な利益が人権保障に優先することになる。平和への権利の審議の中で，国連機関や政府間交渉に委ねるべき，という発言が出てきたこと自体が，国家の安全保障に対する何らかの制限を平和への権利が有するということを示すのである。

（3）国家の自衛権の行使との関係

作業部会の第1会期（2013年2月）で，アメリカ政府は，「諮問委員会草案の第1条は，国連憲章51条が認め，国家に固有の自衛権として反映されている武力が合法的に行使される時の状況があることを認めていない」として，諮問委員会草案を批判した。また，オーストラリア政府も作業部会の第2会期（2014年6月）で，「国連憲章で認められている自衛権の行使や安保理の強制行動との関係が明らかでない」（作業部会第2会期）として平和への権利に対して反対の意見を示した。

自衛権について国連憲章51条は，加盟国に対して武力攻撃が発生した場合に，安保理が必要な措置を取るまでの間に個別的，集団的な自衛権の行使が認められている。これは各国の自衛権が，安保理が措置を取るまでの暫定的な権利という制限はあるが，国連憲章では合法と認められたことを意味する。しかし，上記のような発言があるということは，平和への権利が認められると，各国家の自衛権までもが何らかの形で制約を受ける可能性があるということである。たとえば，自衛権の行使が，その態様によっては，市民の平和のうちに生存する権利が侵害されるから，自衛権の行使が制限されるなどである。

自衛権の行使に対する制限の有無の議論は，平和への権利の特徴がよく表れている論点だとも言える。これまでは，各国家は，国連憲章で合法性を与えられれば，それ以上の法的な正当性は必要なかった。しかし，人権としての平和への権利が誕生すれば，武力の行使が，国連憲章に違反して

いないかだけでなく、平和への権利という人権にも違反しないかが、問われることになる。政府間の行為を直接に律するルールである国連憲章と、政府間の行為が国民との関係で違反がないかは、異なる次元の判断である。

人権理事会諮問委員でもあった坂元は、「個人や人民が平和に対する権利をもつと措定すると、国連憲章上国家に認められている自衛権行使や憲章第7章に基づく強制措置の発動は、個人や人民が持つ平和に対する権利を侵害することになるのかという根本的課題を国際法が抱えることになる」と、国家の自衛権の行使が平和への権利を侵害するという事態の可能性を示唆している（坂元［2014］88頁）。これは国連憲章上の合法性と人権侵害の違法性が交差する場面だとも言える。また、平和への権利国際キャンペーンを展開してきたスペイン国際人権法協会も、平和への権利が、主権国家の安全保障という分野に踏み込む権利であると認識している（Durán［2013］p.34）。

（4）国家による軍隊の保持との関係

良心的兵役拒否の権利は、国連の自由権規約委員会において、自由権規約18条の思想・良心・宗教の自由から導かれる、軍事的な兵役を拒否する権利として保障されるとされている[19]。

しかし、諮問委員会草案の良心的拒否の権利（第5条）の作業部会第1会期（2013年2月）の審議において、平和への権利に対する賛成国も含め、ほとんどすべての政府は「良心的兵役拒否の権利は軍隊の基礎を掘り崩す」ということでこの条項に反対した。賛成する発言をしたのは、会議に参加したNGOだけだった。

反対の理由は、良心的兵役拒否の権利が認められると、その国の軍隊を維持することができなくなり、国家の自衛の権利も奪われるとしたからである。平和への権利の一内容として良心的兵役拒否の権利が認められれば、軍隊を構成し自国を防衛するという国家の権利自体が、制限を受けることになる。平和への権利が認められれば、軍隊の保持により国家を防衛するという国家の利益と対立し、軍隊の保持に対して何らかの規制がされる可

能性があることが明確になった。

　お わ り に

　平和への権利が国家の安全保障上の権利や現存の国連の体制とどのような関係にあるかを，国連の審議を対象に検討した。まだ平和への権利は，国連総会決議でソフトローの段階であるが，将来，国際人権条約のような効力が強いものになると，その内容によっては，国家の安全保障上の権利や国連憲章システムと対立し，それらを規制する可能性もある。

　その可能性を考える上で，平和への権利国連宣言が成立する上で NGO がイニシアティブをとったことに注目すべきである。この NGO のイニシアティブがなければ，国連総会までたどり着けていなかった。今後の宣言の実施過程においても，NGO がどのようなイニシアティブを発揮するかによっては，将来の平和への権利の内容や効力が大きく左右される。最近の国際 NGO の国際規範成立に果たす役割が大きくなっている現状に照らせば，平和への権利は，まだ生成中の権利であり，どのような内容の権利として成長していくかは，今後の市民社会の働きかけによるところも大きい。国連憲章の武力行使禁止原則が，厳格には守られているとは言えない状況の中で，平和への権利に基づく人権アプローチは今後ますます注目に値する。

注

1　平和への権利の法的な側面の分析については，坂元［2013］；［2014］，東澤［2013］参照
2　日本国際法律家協会［2013］，『interjurist』No.173以降に毎号執筆
3　UN Doc.UNGA A/RES/71/189.
4　人権に関するテヘラン宣言（1968年）。
5　UN Doc.A/RES/33/73.
6　UN Doc.A/RES/39/11.

7　UN Doc.E/CN.4/2001/SR.78.
8　UN Doc.A/HRC/14/3.
9　UN Doc.A/HRC/17/39（29頁以降）.
10　諮問委員会草案　2条1項「すべて人は，人間の安全保障の権利を有する。それは，積極的平和を構成するすべての要素である恐怖と欠乏からの自由を含み，また，国際人権法に準拠した，思想，良心，意見，表現，信仰・宗教の自由を含む。欠乏からの自由は，持続可能な発展の権利及び経済的，社会的，文化的権利の享受を含むものである」。2条7項「平和とは相容れない構造的な暴力を発生させるような不平等，排斥，および貧困をなくすために，制度が発展および強化されなければならない」。
11　UN Doc.A/HRC/20/31.
12　UN Doc.A/HRC/32/L.18　人権理事会第32会期の2016年7月1日に採択。賛成34カ国，反対9カ国，棄権4カ国だった。
13　UN Doc.A/HRC/27/63.
14　UN Doc.A/HRC/29/45.
15　欧州連合条約（アムステルダム条約）19条。
16　UN Doc.E/CN.4/2001/SR.78［2001］para 25.
17　2011年6月17日人権理事会の平和への権利促進決議（A/HRC/17/L.23）の投票にあたってのアメリカ政府の発言（http://extranet2.ohchr.org/Extranets/HRCExtranet/portal/page/portal/HRCExtranet/17thSession/DraftResolutions/AHRC17L-18.html）。
18　SIPRI "TRENDS IN WORLD NUCLEAR FORCES, 2017" より。
19　自由権規約一般的意見22パラグラフ11（1993年）。

**参 考 文 献**

Durán, Carlos Villán and Pérez, Carmelo Faleh（edited）［2010］, *Regional Contributions for a Universal Declaration on the Human Right to Peace*, Asociación Española para el Derecho Internacional de los Derechos Humanos.

Durán, Carlos Villán and Pérez, Carmelo Faleh（edited）［2013］, *The International Observatory of the Human Right to Peace*, Spanish Society for International Human Rights law.

Fernández, Christian Guillermet and Puyana, David Fernández［2017］, *The Right to Peace: Past, Present and Future*, University for Peace.

Wenaweser, Christian［2010］, "Reaching the Kampala Compromise on

Aggression: The Chair's Perspctive," *Leiden Jounrnal of International Law*, 23.

Pividori, Claudia [2013], "The Value of a Soft Law Approach on the Right to Peace," *Pace Diritti Umani*, Centro Diritti Umani Università di Padova.

Dunne, Tim and Wheeler, Nicholas J. [2004], "'We the Peoples': Contending Discourses of Security in Human Rights Theory and Practice," *International Relations*, Vol 18 (1) pp.9-23, SAGE Publications.

坂元茂樹［2013］,「人権理事会諮問委員会の最近の活動——『平和に対する権利宣言案』を中心に」『国際人権』24号, 信山社。

坂元茂樹［2014］,「『平和に対する権利宣言案』の作業が示す諮問委員会の課題」『国際人権』25号, 信山社。

坂本義和［1981］,「核軍縮は市民の権利である」『朝日ジャーナル』1981年8月28日号。

花松泰倫［2005］,「環境保護に対する人権アプローチの再検討」『北大法学研究科ジュニア・リサーチ・ジャーナル』11号。

東澤靖［2013］,「国連人権理事会における『平和に対する権利宣言』の起草——その意義と課題」『明治学院大学法科大学院ローレビュー』第18号。

松井芳郎［1981］,「国際法における平和的生存権」『法律時報』53巻12号。

目加田説子［2003］,『国境を超える市民ネットワーク（経済政策分析シリーズ3）』東洋経済新報社。

武藤達夫［2015］,「『平和への権利に関する宣言』国連作業部会第2会期における審議についての一考察」『関東学院法学』第24巻第4号。

［弁護士／東京大学大学院大学院生博士課程＝人間の安全保障プログラム所属］

SUMMARY

## Kant and EDM

TANAKA Koichiro

What is peace?
At the core of electronic dance music (EDM) is a cosmopolitan philosophy of peace, love, unity, and respect (PLUR). As manifested in EDM, the concept of PLUR is reminiscent of the Kantian notion expressed in the philosopher's pivotal writing *Anthropologie in pragmatischer Hinsicht* (Anthropology from a pragmatic point of view), in which he stressed the exquisiteness of calm and peace in people's daily lives.
In order to investigate the possible relationship between this Kantian perspective and PLUR, I adopted a participant observation approach while attending some famous music clubs in Ibiza, as well as several EDM music festivals, including the Ultra Music Festival in Miami and Singapore, S2O in Bangkok, and EDC in Tokyo. At the 2016 Ultra Music Festival in Miami, techno music listeners from around the world expressed strong solidarity, and participants were very open to sharing and performing the idea of PLUR.
Conversely, although festival-goers in Bangkok and Tokyo demonstrated a love of EDM music and exhibited high levels of musical literacy, their behaviors were not expressive of the concept of PLUR.
Music always has political meanings. For instance, John Lennon's songs promote peace, and reggae music seeks the ideal of "Lastafa." However, EDM in East and Southeast Asia has been losing its political connotations.
EDM lyrics often proclaim the loneliness and bitterness of the world, as exemplified by the Chainsmokers' hit. EDM expresses Millennials' pursuit of the norms of a peace-centered, citizen-oriented society.

## Peace and music: Suggestions from four contemporary musicians

### HASEGAWA Kiyoshi

In this essay, I derive a model of a peaceful society where diverse people live together in harmony by analyzing the process of the popularization of contemporary music. First, I introduce the American composer Frederick Rzewski and his masterpiece "The People United Will Never Be Defeated!" Second, I examine English composer Cornelius Cardew and one of his final pieces, "Boolavogue." Third, I discuss Japanese composer Yuji Takahashi and his musical band "Suigyu Gakudan," and lastly, I consider the work of Japanese composer Makoto Nomura and his composition method called "Shogi sakkyoku" (Shogi composition). Rzewski, Cardew, and Takahashi are/were politically leftists and composed and/or played political music based on folk music as well as protest songs, whereas Nomura's works are not political. All four composers allowed non-professional artists to participate in the composition and performance process.

These artists attempted to simplify highly complicated Western contemporary music and make it more accessible to a mass audience, particularly the working classes. Their works expressed the following ideas on how to create a peaceful society: (a) the main actors who build social fields are non-professional citizens rather than professionals; (b) citizens need simple and fair rules and principles; (c) new social orders should take into account traditional cultures and people's everyday behavior; and (d) physical expressions and behavioral practices should sometimes take precedence over languages, ideals, or ideology.

Recently, the role of non-professional citizens has been a focus in jurisprudence and political science. Contemporary music could serve as an abundant intellectual resource for other social fields.

# The Musical Style of Bob Dylan: Insights from the Thoughts and Theories of Paul Williams (1948-2013)

**SHIBASAKI Atsushi**

This paper proposes a new framework for analyzing the musical style of Bob Dylan in the field of social science, especially in Peace Studies, by revisiting the thoughts and theories of Paul Williams (1948-2013). First, it criticizes the various approaches that only focus on Dylan's lyrics to determine their roots and referential or citational relations or to estimate his "true" intentions and messages in his songs. Second, based on the writings of Williams, this paper tries to examine Dylan's "sound" during performances, which includes everything he does in his songs (without separating the vocal and instrumental parts) and concentrates on what occurs in the mind or consciousness of the listener and the reason why one is emotionally affected by his performance.

After scrutinizing Williams' arguments from 1966, when he was just eighteen, to his last writings in the early 21$^{st}$ century, the results in the paper show that there are three essential dimensions in Dylan's "sound" : 1) performance; 2) personal and intuitive understanding and experience; and 3) the concept of stopping time. Such aspects explain the interconnected relationship between his "sound" and his listeners, which is a unique but perceivable feature that is generally present in the relationship between great arts and its appreciators.

Finally, this article summarizes its argument and implications on how to deal with arts and culture in social science. According to the text of his speech after receiving the 2016 Nobel Prize in Literature, Dylan repeatedly stresses the difference between "literature" and "songs," and always considers his creations as the latter. The implication of the findings is that, to analyze songs in social science, it is important to find different ways to understand culture and use new approaches for dealing with its various dimensions.

# Living Nausea: On War Neurosis in Shohei Ooka's *Fires on the Plain*

FUKUMOTO Keisuke

Shohei Ooka's novel *Fires on the Plain* (1951) narrates the experiences of a Japanese soldier deployed in the Philippines during the final days of World War II. The story is told by an ill private named Tamura, who is soon abandoned by his party and wanders alone through the Philippine jungle, where he confronts extreme hunger and finally suffers from a severe mental disorder as a result of his own acts of murder and cannibalism.

Most critics have interpreted this novel simply a description of a soldier's traumatic experiences on the battlefield. However, we should not forget that the events were narrated by and express the perspective of Tamura after he had survived the war and was confined to a mental hospital on Tokyo's outskirts. Tamura is suffering from war neurosis and writing his memoir was a way of treating his disease.

In this paper, I interpret *Fires on the Plain* as a literary challenge whereby Ooka attempted to identify the nature and origin of war neurosis. Ooka, a former Japanese soldier who had been deployed in the Philippines, felt that an unidentifiable force resided within the body of a soldier who had committed unbearable deeds. His concern was not limited to violence on the battlefield. Ooka also sought to explore the strange force residing within humans who have committed extreme violence against other humans.

The most important challenge of this novel is that war neurosis is described as a violently ethical force that originates in unethical, violent deeds committed by a soldier. Tamura's act of murder and cannibalism brings him feelings of "nausea" and this existential affect later causes his war neurosis; however, when the Korean War breaks out in 1950, his war neurosis comes back and violently rejects eating, namely, a self-deceptive life of "post-war" Japan, which is trying to survive on another war and colonialism. *Fires on the Plain* seems to identify "nausea" or war neurosis as a fundamental resistance to ongoing "murder and cannibalism."

# A regulation of the use of force by the human rights approach: the UN Declaration on the Right to Peace

SASAMOTO Jun

The United Nations (UN) Declaration on the Right to Peace was adopted by the UN General Assembly in 2016. The right to peace is an individual human right; however, it also implies the involvement of individuals in upholding the rights in the peace and security field. Human rights were originally established as constraints on states, and they cannot be violated by any state power, including members of the UN Security Council.

This paper advocates the effectiveness of a human rights approach in the international peace and security field. The human rights approach differs from that of the national interest, which entails decisions based on general, subjective, and political priorities, whereas the former is rooted in individual, objective, and non-political concerns.

The author has attended UN and non-governmental organization (NGO) meetings involving discussions on the right to peace, for which international NGOs initially launched a campaign for global codification and brought the outcome to the UN Human Rights Council. The author analyzes the discourse of government representatives and NGOs during their deliberations on the UN Human Rights Council from the perspective of the conflict between national security and human rights. In opposing the establishment of the right to peace, most Western countries expressed concerns about possible constraints on states' exlusive rights to the use of force and self-defense. However, representatives of other countries implied the possibility of developing effective means of establishing the right to peace.

# 巻末言

「異例」の巻末のことば

　『平和研究』第51号「平和と音」の特集号は，発刊が大幅に遅滞し，多大なる迷惑をおかけしてしまった。とくに本号に論文を投稿していただいた方々には，査読差配の遅れによって，査読結果の報告まであまりにも長くお待たせしてしまった。さらに元来は50号として企画された本誌が51号となったことも申し訳なく，皆様には心からお詫びさせていただきたい。

　このような情けない書き出しから「巻末言」をはじめるのは，きわめて異例のことであり慚愧に堪えない。かててくわえて，異例の長さとなっている。これは本号には書評がないこと，そして文化を扱った本号特集に関連させ，未来の「平和と文化」の研究につなげるために，編集委員として書き記しておくべきことがあると思ったからである。

　そこで，2018年に出版された日本平和学会編『平和をめぐる14の論点――平和研究が問い続けること』（法律文化社）を紹介し，本号の特集「平和と音」，そして「平和と文化」についてエッセイを書き記してみたい。できれば，本号が読者の方々にとって，平和問題の教育・研究に資する知的刺激になれば幸いである。

『平和をめぐる14の論点』と「文化」

　本書の「はしがき」には，第一段落から「平和研究の普及にもかかわらず，いま平和研究は危機にあるのではないだろうか」と，平和研究あるいは平和学会の危機感が吐露されている（日本平和学会編 2018，ⅰ頁。以下，

本書からの引用は頁数のみとする)。そして第二段落では,「いま平和研究自身の再構築が必要」だと続く。3部構成で計14の論点は,（大学の講義回数に合わせたのだろうという意地悪な見立てを採用したとしても）極めて重要である。以下，目次を列記しておこう。

第Ⅰ部　なぜ平和研究か　―その原動力―
　論点1：平和研究の方法「平和を求めるなら戦争の準備をすべきか」
　論点2：平和的共存「国家の安全と個人の安全とは両立するのか」
　論点3：新自由主義「新自由主義的グローバル化は暴力をもたらしているか」
　論点4：差別と排除「差別・排除の克服は平和の礎となるか」
　論点5：ジェンダー「ジェンダー平等は平和の基礎か」

第Ⅱ部　平和創造の主体と手法
　論点6：国連「国連は普遍的平和を目指せるか」
　論点7：市民社会「市民やNGOによる国境を越えた連帯は国際平和に貢献しているか」
　論点8：主権と人権「人道的介入は正当か」
　論点9：援助「援助は貧困削減に有効なのか」
　論点10：和解「紛争後社会の平和を再建するには謝罪と償いが必要か」

第Ⅲ部　平和研究の日本的文脈　―その視座と方法―
　論点11：核軍縮「被爆地の訴えは核軍縮を促進したか」
　論点12：日米安保「日米安全保障条約は日本の平和の礎であるのか」
　論点13：憲法「日本国憲法の平和主義は日本の安全と世界の平和に

貢献しているか」
　論点14：戦後補償「戦後補償問題はすでに解決済みであるか」
　まとめ：平和研究の課題「平和研究の役割と課題」

　以上である。先ほど「重要だ」とのみ記してお茶を濁してしまったが，目次を総覧すれば，これらは大学生をはじめとして多くの人に考えてもらいたい喫緊の課題だといえる。では，平和学の本丸といった感のある本書を，本号の特集に近づけて考えてみたい。その際のキーワードは「文化」である。

　論点1でも示されているように，平和研究は「目的としての平和」だけではなく，「手段としての平和」の追求を課題としてきた（4頁）。この「手段としての平和」は，われわれの日常に陰に陽につけて存在する「文化」を包含するだろう。この点は，本特集所収の論考の前提だとも言えよう。また，論点2に着目してみても，「自己決定の権利を行使する主体」（31頁）について，多数派・少数派の対立はまた「文化」を通じてなされてきた歴史が指摘できよう。論点4にも，差別・排除に関して，「私たち」と「かれら（他者）」とのあいだの文化的差異を生み出し，拡充させる教育について言及があり（61頁），文化的多様性と平和との親和性についても節を設けて説明されている（63頁）。

　紹介の順序が逆になったが，論点3の「ネオリベラリズムは文化的暴力をもたらしているか」という問いかけの節は，とくに重要である（49頁）。同論で引かれるガルトゥング（Johan Galtung）の観点から，本号の特集を読み解いてみてもよいだろう。そして続く論点5のジェンダーもまた，文化事象と深く関わることは言を俟たない。

　ここまでが第I部である。続く第II部と第III部では，市民社会やNGOをテーマとした論点7が政治文化を扱っている。ただしほかの論点で「文化」という語はほぼ使われていない。ほかの論点は組織・歴史を学問的に位置づけていく性格から，どうしても文化との間には距離が生まれて

いる感がある。もちろん，これは難ずべき点ではなく，不可避のものとして捉えるべきだろう。

ただし，この観点から「まとめ」に着目すれば，村上春樹のイスラエルでのエルサレム賞受賞演説「壁と卵」を軸に本書がまとめられている意味が浮かび上がろう。本書は大学教科書としての性格をもち（ⅰ頁），学問性を重視しているが，「まとめ」は逆に読者としての大学生の日常との「隔たり」を埋めるために，このような叙述となったのかもしれない。

**本特集との関連について**

では，本特集の「平和と音」と関連づけて考えてみたい。通常，学問的に考えるのであれば，そもそも『平和をめぐる14の論点』と文化事象とは考察対象が異なるし関係性は薄く，重ねて考えるのは無理があるとするのが妥当だろう。しかし，同書の「はしがき」に，「いま平和研究自身の再構築が必要」だと書かれていたように，この懸隔を埋めるもの，あるいはこの二つの対象に橋を架けることが「平和研究の再構築」のひとつにならないかと思い，今号の特集は組まれている。

平和と文化については，『平和研究』第29号（2014年）の「芸術と平和」でも主題となっている。さらに最も知られるのは国連の「平和の文化に関する宣言」（1999年）だろう。これらも今号と併せて参照していただきたい。しかし，私がここで重視したいのは『平和研究』第7号（1984年）の「生活様式と平和」だ。第7号は，食料・資源・廃棄物といった生活と密着したところから平和を考えている。そこで，この巻末言では学生の生活に寄った事例紹介をしつつ，「平和学」と「日常・文化」との隔たりについて意識化してみたい。前者は教室空間，後者は教室外空間での体験だが，両者の体験主体は同一である。つまり，大学生を第一の読者対象として編まれた『平和をめぐる14の論点』をテキストとして学ぶ，彼ら・彼女らにとって，日常生活は音があふれ，文化に包み込まれた空間なのだ。もっと

いえば，同書の「まとめ」で村上春樹が引かれていたのは，手段としての平和の実践主体「わたし・あなた」，換言すれば「感情・身体」を補完するためだったのではないか。

## スマホとともに生きる「文化」

『平和研究』を読まれている平和学会の会員および本誌を手にとっている多くの方にとって，おそらくは未知の情報を今から紹介したいと思う。ご存じの方には屋上屋を架す内容だが，ご寛恕いただきたい。

2019年，日本で生活していると自然と目に入り耳に飛び込んでくる広告はなんだろうか。視聴覚メディアであれば，テレビでもインターネットでもかまわない。20年前と比べて決定的に異なるのは，スマートフォン（以下，スマホ）関連の広告だろう。とくに大学生なら，友だちとのやりとり，バイト先との連絡，そして情報収集の主なツールとして，スマホは必需品だ。

スマホを使えば，音楽や小説にアクセスできるし購入もできる。また，チャンネル登録しているYouTuberのゲーム実況番組を観たり，映画やテレビ番組を愉しんだりできる。これは，まさに「情報の増大」であり，同時に「分断」でもある。つまりマーシャル・マクルーハン（Herbert Marshall McLuhan）が喝破したように，メディアは人を結合させるが切断もする。たとえば，学生それぞれがスマホで聴いている音楽。ある人は韓国アイドルの歌，ある人はボーカロイド曲，ある人はゲームミュージックだろうか。これらが学生同士で共有されることは少なく，昭和に存在した「国民的文化」は成立しづらい。このような問題意識を出発点とし，平和学にアプローチしている研究も今後は重要になってくるだろう。

以下に紹介する事例も，スマホを通じて，より正確にはスマホからインターネットにアクセスして入手・閲覧できるものである。

平和と戦争の文化と刀剣

　戦争は私たちの文化と溶け合って遍在している。これはすでに「純粋戦争」を提示したポール・ヴィリリオ（Paul Virilio）が1980年代に指摘している。『純粋戦争』の邦訳版（ユー・ピー・ユー，1987年）で，訳者の細川周平はヴィリリオの研究を敷行して「テクノロジーが中立でそれが人によっては，戦争や芸術にという区分けは無意味であり，すでにすべてが戦争と絡み合う時代に生きている」と発言している。

　平和の文化と対立するように思われる戦争の文化もまた，この境界線ははっきりしない。歴史的な観点から考えてみたい。たとえば，銃が登場する以前の戦争で用いられていた武器は，その時点では戦争と密接に結びついていたが，現在となってはそれを戦争の文化だと断言するのは難しい。たとえば，弓は弓道として現代スポーツとなったが，これを戦争の文化だと断言できないのは当然である。だが，はっきりとした境界線は引けるのだろうか。たとえば近代以降の戦争にかぎったとしても，以下の事例はどうだろうか。

　現在，「刀剣ブーム」が訪れている。博物館での刀剣展示には数多くの見学者が集まっており，各地域でも刀剣にかかわる特別展が実施・企画されている。これは，PCのブラウザゲーム『刀剣乱舞』の影響が大きい。『刀剣乱舞-ONLINE-』（別コンテンツもある）だけで，200万人以上の登録者数がいると公式サイトは伝えている（公式サイト：http://games.dmm.com/detail/tohken/　2019年2月24日アクセス）。なお，筆者に関していえば現在はプレイしていないし，アクティブユーザーの数は不明である。

　以下の引用は，東京国立博物館で刀剣史を研究する国際シンポジウムでの報告記録からの抜粋である（酒井「近年の刀剣ブームと日本のミュージアム」 https://japan-art.org/wp-content/uploads/2018/03/sakai.pdf：2019年2月24日アクセス）。

2015年以降，日本刀に対する社会の関心は大きく変わった。刀剣を美少年に擬人化したキャラクターが登場するゲームが生まれ，そのモデルとなった実際の刀剣をみるため，青年層の来館者が急増したのである。

　刀剣はおもに近代以前の戦争文化と結びつくモノである。しかし，日本の近代戦では象徴としての日本刀が喧伝され，もっといえば1930年代や40年代に実際に人の首をはねた刀がある。だからといって，刀を愛でる行為を「戦争文化」だと非難できないだろう。しかし，近代戦争とも完全に切り離すことはできないのだ。

ライトノベルと「植民地の快楽」

　日本にはライトノベルという小説文化がある。ここでは，あえてポップカルチャーではなく文化と記したい。このライトノベルには「異世界ファンタジー」というジャンルがある。ときはまさに異世界ブームだ。異世界ファンタジーを扱ったライトノベルの多くは，まずインターネットを通じて発表されている。ここで人気を得れば単行本化され書店に並ぶ。過去から連綿と続くSF作品と同じだと思われるかもしれないが，少しだけ趣を異にする。異世界ファンタジーの多くの作品では，主人公がきわめて高い能力を有している。たとえば異世界転生系では，転生先で高い能力を活かし，驚異的な活躍を見せていく。この爽快感・痛快さ・安定感が読者には受けているのだろう。

　もちろん，フィクション作品の楽しみ方は人それぞれだろうし，それが非難されることはない。しかし，その作品のいくつかには「植民地支配のまなざし」が含まれる点や，作家自身がしばしばネット上で「ヘイト発言」をして問題化していると書けば，本誌『平和研究』の読者にも関心を持っていただけるのではないだろうか。

　ここでは，伏瀬『転生したらスライムだった件』（マイクロマガジン社，

2014年〜）を取り上げたい。本作序盤は，次々と異世界の種族を平定していく物語だ。いわゆる RPG ゲームのなかでも弱い部類にあるモンスター「スライム」に転生した主人公（三上悟，転生後はリムル・テンペストを名乗る）は，特殊能力「捕食者」によって様々なモンスターの能力を吸収できるので，強力な能力を保有する。

　リムルは色々なモンスター種族の長になっていく。ここでは，名付けという行為が重要だ。名付けられると，「野蛮な」モンスターたちの「格」が上がり強力になる。そこで備わるのは，端麗な容姿であり，高い知性である。結果として，名付け主である主人公への忠誠心が生まれる。具体的には，主人公のことを「リムル様」と呼ぶ。さらに国名は，主人公の苗字を冠して「テンペスト」と称される。

　主人公リムルは，圧倒的な力によってモンスターを平定・啓蒙し，街や国作りを進めていく。この「開発」を快楽として話は駆動する。これは優越感を源泉とした「植民地の快楽」であり，これが本作では消費されている。さらに物語はその後に大きな転換を見せ，主人公は1万人以上の「人間（ゴミというルビが振られている）」を殺戮して魔王となる。この段に来て，ダークファンタジーのもつ比喩性や社会風刺も一部では看取できる。だが，主人公は「我等に対し，牙を向く者には制裁を。手を差し伸べて来る者には祝福を授けよう」と発言し，全般的に虐殺に対してもとまどいがない。

　これは，この作品特有の現象ではない。ここではすべてを網羅できないが，同様の異世界転生作品としては，丸山くがね『オーバーロード』（KADOKAWA，2012年〜）や愛七ひろ『デスマーチからはじまる異世界狂想曲』（KADOKAWA，2013年〜）が挙げられよう。ほかにも，柳内たくみのライトノベル『ゲート 自衛隊 彼の地にて，斯く戦えり』（アルファポリス，2010〜2016年）は，自衛隊が異世界で戦う物語だ。本作は自衛隊広報ポスターにも採用されたことで知られる。

　『転生したらスライムだった件』をはじめとする，これらの作品がネット上で公開・更新していく「小説家になろう」というサイトで連載されて

いたことと無関係ではない（小説投稿サイト「小説家になろう」：https://syosetu.com/）。ここでは，読者を飽きさせないための更新の速度と適度の快楽が必要とされる。

　これらの作品に対して，倫理・正義を振りかざして「けしからん」と糾弾したいわけではない。私自身も，半ば研究として半ば趣味として嗜んでいる。だが，学生たちの日常にあふれ，文化を形成している作品に目を向けて分析し，「見方」を提供することも，平和研究に資すると考える。また，「啓蒙の快楽」は平和学とも無縁ではない。つまり，これらの文化と平和学とを断絶として捉えるのでなく，どこかで接続の回路を模索していくことが肝要だろう。

　さて，ここまでの叙述で，先述の『平和をめぐる14の論点』との内容の「落差」に驚きあきれ（？），あるいは「異世界」に置き去りにされたと感じられたのであれば，逆に学生にとっては平和学の講義の方が「異世界／異例」となっていないかを自省する好機である。なお最後に付記するが，『転生したらスライムだった件』は，総数1000万部を売り上げている。

**巻末言のさいごに**

　繰り返して強調したいが，現代のエンターテインメント作品を「植民地主義」という歴史的なタームによって断罪するのは無理があると思われる。しかし，今号で「音」を特集した理由は，現代に遍在する文化に包含される「平和と戦争」について思考をめぐらすためである。読者の方々には，本特集に収められている各論文の射程を大切にしながらも，この異例な巻末言で書いたことを頭の片隅に置いて一読・再読していただきたい。そうすれば，各論の「響き方」は違ったものとなるかもしれない。

柳原伸洋［『平和研究』51号・編集委員］

## 日本平和学会設立趣意書

　1960年代後半から平和研究の世界各地での制度化の傾向にはいちじるしい進展が見られる。しかし日本においては，未だ制度としての平和学会は存在せず，戦後28年を経てわれわれは，おくればせながら日本の平和研究の立ちおくれについて自覚せざるをえない状況に立ちいたった。世界でユニークな平和外交の展開さるべき日本外交の動きの鈍重さの理由も，ここに一つの原因を発見さるべきであろう。これは日本国内の問題としてのみ提起さるべきではない。むしろ，世界的な問題として提起さるべきであろう。

　われわれは早急にこの立ちおくれを克服し，被爆体験に根ざした戦争被害者としての立場からの普遍的な平和研究を制度化しようと考えている。他方，70年代の日本は今後アジアの小国に対しては，再び加害者の立場に移行する危険性をも示しはじめている。日本平和学会はあくまで戦争被害者としての体験をすてることなく，将来日本が再び戦争加害者になるべきでないという価値にもとづいた科学的，客観的な平和研究を発展させようと考えている。研究は客観的，科学的であるべきであるが，研究の方向づけにおいてけっして道徳的中立性はありえない。

　われわれは行動科学的かつ計量的な研究方法を十分に使用することはもちろんであるが，他方，伝統的な歴史的あるいは哲学的方法の長所もすてることなく育成してゆきたい。多様な研究方法を統合して長期的な平和の条件を確立するために役立つ真に科学的，客観的な戦争と平和に関する研究を促進，発展させることが本学会設立の真のねらいである。

　われわれは研究成果が現存制度によって利用されることを望む。しかし他方，われわれは決して単なる政策科学にとどまることに同意しない。現存制度による知識の悪用に対しては絶えざる批判を続けるいわゆる批判科学をも発展させたいと考えている。

1973年9月

（注）
本設立趣意書第2段にある「アジアの小国」について，趣意書が書かれた時点の意図は判明しないが，現在の観点からすると誤解を招きかねず，適切とはいえない表現であると判断する。しかし，本趣意書の歴史的文言としての性格に鑑みて，

趣意書そのものを書き改めるわけにはいかないと判断し，原文のままとして，本注記を付すこととした。日本平和学会は，日本が大国であると考えるわけでも，アジアの国々を大国，小国と区分けしようとする意図があるわけでもないことをお断りしておく。
　　　　　　　　　　　　　　　　　　　（2004年11月6日，第16期理事会）


## 日本平和学会第23期（2018年1月1日〜2019年12月31日）

【執行部】
会　　　長　黒田俊郎　　　　　副　会　長　竹中千春　ロニー・アレキサンダー
企画委員長　佐伯奈津子　　　　副企画委員長　佐藤史郎
編集委員長　浪岡新太郎　　　　広報委員長　竹峰誠一郎
国際交流委員長　奥本京子　　　学会賞選考委員長　阿部浩己
平和教育プロジェクト委員長　高部優子
「3・11」プロジェクト委員長　蓮井誠一郎
『戦争と平和を考えるドキュメンタリー50選』WG主任　石田淳
第二期全国キャラバンWG主任　木戸衛一
将来構想WG主任　竹中千春
事　務　局　長　清水奈名子

【理事】＊は地区研究会代表者
　［北海道・東北］　小田博志　＊清末愛砂　黒崎輝　鴨原敦子
　［関東］　青井未帆　阿部浩己　石田淳　上村英明　内海愛子　遠藤誠治　勝俣誠
　　　　　川崎哲　小林誠　酒井啓子　清水奈名子　高原孝生　高部優子　竹中千春
　　　　　竹峰誠一郎　蓮井誠一郎　＊平井朗　古沢希代子　堀芳枝　浪岡新太郎
　　　　　毛利聡子　米川正子
　［中部・北陸］　黒田俊郎　佐伯奈津子　＊佐々木寛　高橋博子
　［関西］　奥本京子　＊木戸衛一　君島東彦　佐藤史郎　田中勝　原田太津男
　　　　　山根和代　ロニー・アレキサンダー
　［中国・四国］　＊石井一也　佐渡紀子
　［九州］　近江美保　＊木村朗
　［沖縄］　島袋純　＊鳥山淳

【監事】大平剛　横山正樹

【委員会】＊は委員長
　［企画委員会］　小田博志　片岡徹　＊佐伯奈津子　佐藤史郎　四條知恵　高橋良輔
　　　　　　　　高林敏之　鶴田綾　内藤酬　中村文子　長谷部貴俊　藤岡美恵子
　　　　　　　　前田幸男
　［編集委員会］　（以下は22期委員・業務継続中）佐藤壮広　柳原伸洋
　　　　　　　　（以下は23期委員）阿知良洋平　熊本博之　小松寛　齋藤民徒
　　　　　　　　孫占坤　中野裕二　＊浪岡新太郎　前田輪音
　［広報委員会］　秋山肇　猪口絢子　大野光明　＊竹峰誠一郎　鈴木真奈美　高橋博子
　　　　　　　　勅使川原香世子　平林今日子
　［国際交流委員会］　＊奥本京子　加治宏基　片野淳彦　君島東彦　児玉克哉
　　　　　　　　　　佐々木寛　古沢希代子　松野明久
　［学会賞選考委員会］　＊阿部浩己　勝俣誠　佐渡紀子　横山正樹
　［平和教育プロジェクト委員会］　奥本京子　笠井綾　杉田明宏　鈴木晶　＊高部優子
　　　　　　　　　　　　　　　　暉峻僚三　中原澪佳　堀芳枝　松井ケティ
　　　　　　　　　　　　　　　　山根和代　ロニー・アレキサンダー
　［「3・11」プロジェクト委員会］　藍原寛子　鴫原敦子　鈴木真奈美　高橋博子
　　　　　　　　　　　　　　　　徳永恵美香　＊蓮井誠一郎　平井朗
　［『戦争と平和を考えるドキュメンタリー50選』WG］
　　＊石田淳　上野友也　小松寛　佐藤史郎　清水奈名子　下谷内奈緒
　［将来構想WG］　黒田俊郎　佐々木寛　清水奈名子　＊竹中千春

# 日本平和学会会則

第1条　本会の名称は日本平和学会（The Peace Studies Association of Japan [PSAJ]）とする。

第2条　本会は国家間紛争に焦点をおき，これに関連したあらゆる紛争の諸原因と平和の諸条件に関する科学的研究を行い，関連諸領域の学問的発展に資することを目的とする。

第3条　本会は次の活動を行う。
　(1)　研究会および講演会の開催
　(2)　会員の研究成果の刊行
　(3)　内外の学会その他関連諸機関との連絡および学者間の交流
　(4)　その他本会の目的を達成するに必要かつ適当と思われる諸活動

第4条　本会への入会は会員2名の推薦を要し，理事会の議を経て総会の承認を得なければならない。また，在外会員（留学生は除く）については，しかるべき研究機関の推薦状によって会員2名の推薦に代替させることができる。ただし，本会の研究成果が戦争目的に利用されるおそれのある機関あるいは団体に属するものは原則として入会できない。

第5条　会員は本会の刊行物の配布を受け，各種の会合に出席することができ，完全な投票権行使の権利と役員になる権利を持つ。

第6条　退会を希望する会員は会長宛てに退会届を提出し，事務局（業務委託先）に退会届が到着した日付をもって，退会したものとする。既納の会費は事由の如何を問わず，これを返還しない。

第7条　会員は所定の会費を納める。2年以上にわたって会費を納めない者は原則として会員たる資格を失う。

第8条　会員は退会する場合，会費未納につき会員たる資格を失う場合のいずれも，未納会費を清算する。

第9条　会員としての権利の濫用がなされた場合，また平和学会の目的に反する活動を主宰あるいはこれに参加した場合は，一定の手続きを経たうえで，本会から除名されることがある。

第10条　通常総会は毎年1回，臨時総会は必要に応じ理事会の議を経て，会長

が招集する。

第11条　総会の決議は出席した会員の過半数による。ただし，会則の変更は出席した会員の3分の2以上の同意をもってこれを決定する。

第12条　本会に理事を若干名おく。

第13条　理事は会員の投票に基づき，総会において選出される。理事は理事会を構成し，学会の業務を管掌する。理事の任期は2年とし，再選を妨げない。

第13条の2

(1) 理事会の定足数は，出席者および委任状提出者を併せ，理事の過半数とする。

(2) 理事会の決議は，出席者および委任状提出者合計の過半数の賛成をもって成立する，ただし，会則の変更その他理事会自らが指定した重要事項については，同三分の二以上の賛成によるものとする。

(3) 特に必要と認める場合，理事会は，単純多数決で行う別の決議により，理事会決議の成立を出席しかつ投票する者の三分の二以上の賛成にかからしめることができる。この場合，定足数は，理事の過半数の出席とする。

第14条　会長は理事の中から互選される。会長は本会を代表し，その業務を統轄する。会長の任期は2年とする。

第15条　会長は理事の中から副会長および他の役員を指名できる。副会長は会長を補佐し，かつ会長がその職務を執行できない場合には，会長の職務を代行する。副会長の任期は2年とする。

第16条　本会に賛助会員を置くことができる。賛助会員については別に定める。

第17条　本会に名誉会員を置くことができる。名誉会員については別に定める。

第18条　本会の会費は年10,000円とする。ただし，学生会費は年5,000円とする。

第19条　会計年度は4月1日から翌年3月31日までとする。

第20条　本会に事務局を置く。事務局の所在は別に定める。

付則

1．この会則は1973年9月10日より実施する。

2．この会則は1979年11月24日より実施する。
3．この会則は1988年6月5日より実施する。
4．この会則は1990年11月24日より実施する。
5．この会則は1991年11月9日より実施する。
6．この会則は1993年11月14日より実施する。
7．この会則は1994年11月21日より実施する。
8．この会則は1996年6月15日より実施する。
9．この会則は2001年6月2日より実施する。
10．この会則は2004年11月6日より実施する。
11．この会則は2010年11月6日より実施する。
12．この会則は2017年11月25日より実施する。

倫理綱領
　　(1)　会員はすべて平和に資する研究を行う。
　　(2)　会員はすべて研究に際して社会的責任を自覚する。
　　(3)　会員はすべて軍事化に加担しない。

再入会に関する規則
（目的）
第1条　この規則は，日本平和学会会則（以下「会則」という）第4条に基づき，日本平和学会（以下「本会」という）への再入会について必要な事項を定めるものとする。
（再入会手続き）
第2条　本会への再入会希望者は，会員2名の推薦を得て所定の再入会申込書を提出し，理事会の議を経た後，総会の承認を得なければならない。
（滞納会費）
第3条　会則第7条に基づき会費を滞納して会員たる資格を失った者が再入会を希望する場合は，再入会の際，1年分の会費を納入することとする。なお納入する会費額は，再入会時点での会費額とする。
（補則）
第4条　この規則の実施に関し必要な事項は，理事会の決定に従い，会長が別

に定めるものとする。

（改正）

第5条　この規則は、必要と認めた場合、理事会の決議により改正することができる。


附則

この規則は、2015年11月28日より実施する。


理事会電子メール審議規程

第1条　この規程は、日本平和学会会則第11条（理事会の構成と任務）および第11条の2（理事会の定足数と決議）を補うものとして定められる。

第2条　理事会は、迅速な対応を求められる重要な案件について決議を成立させるために、電子メール審議を行うことができる。電子メール審議は、全理事を網羅している理事会メーリングリストを利用して行うものとする。

第3条　電子メール審議は、重要な案件について緊急に必要な場合に限るものとし、電子メール審議の案件を提案できるのは会長のみとする。

第4条　提案の電子メールが発信されてから1週間程度を審議期間とする。

第5条

　(1)　電子メールの発信内容は、受信者にとってわかりやすい表示および内容とする。

　(2)　タイトル欄の冒頭に【日本平和学会理事会電子メール審議 mm/dd まで】と表示する。

　(3)　審議案件は明確な表現にて下記を簡潔にまとめる。

　　・審議案件

　　・審議依頼内容

　　・賛否回答の要請（依頼は賛成、反対を明確に表明できる構成とする。）

　　・回答期限（期日・時間を明確にする。）

第6条　審議内容に意見がある場合は、審議参加者全員宛に意見を送る。

第7条　回答期限までに、理事総数の3分の1以上の理事が異議を表明しない

場合，その提案は承認されたものとし，理事会の決議として成立する。
第8条　電子メール審議のプロセスで，提案に修正を求める意見が表明された場合，会長は当初の提案を修正して再提案することができる。その後のプロセスも上記第4条から第7条の規定にしたがう。
第9条　電子メール審議にかかわるメールは，学会事務局が保管する。
第10条　成立した決議の内容は，会長が次の理事会で報告する。

附則　この規程は，2016年3月20日より実施する。

賛助会員に関する規則
（目的）
第1条　この規則は，日本平和学会会則（以下「会則」という）第14条に基づき，日本平和学会（以下「本会」という）の賛助会員について必要な事項を定めるものとする。
（賛助会員の定義）
第2条　賛助会員とは，本会の目的及び活動に賛同する法人又は団体とする。
第2条の2　賛助会員は，本会における投票権行使の権利と役員になる権利を持たない。
（入会手続き）
第3条　賛助会員になろうとする者は，理事1名を含む会員2名の推薦を得て所定の入会申込書を提出し，理事会の議を経た後，総会の承認を得なければならない。
（会費）
第4条　賛助会員は次の会費（年額）を納入しなければならない。
第4条の2　賛助会員の会費は1口30,000円（年額）とする。
（賛助会員の特典）
第5条　賛助会員は次の特典を享受することができる。
　（1）　本会が刊行する学会誌の配布（各号1冊）を受けること。
　（2）　本会が発行するその他の刊行物の配布を無料で受けること。
　（3）　研究大会及び研究集会において報告を行い，又は学会誌に投稿すること。

(4)　研究大会及び研究集会の懇親会に2名まで無料で参加すること。
　　　(5)　本会の行う各種の行事に参加すること。
（退会）
第6条　賛助会員は所定の退会届を会長に提出することにより，いつでも退会することができる。
第6条の2　2年以上にわたって会費を納めないものは，原則として賛助会員たる資格を失う。
第6条の3　第1項の場合，既納の会費は事由の如何を問わず，これを返還しないものとする。
（補則）
第7条　この規則の実施に関し必要な事項は，理事会の決定に従い，会長が別に定めるものとする。
（改正）
第8条　この規則は，必要と認めた場合，理事会の決議により改正することができる。


附則
この規則は，2015年7月18日より実施する。


名誉会員規定
　　　(1)　理事会は，理事を20年以上務めるなど本学会に多大の貢献のあった70才以上の会員を，本人の同意を得て，名誉会員とすることができる。理事会は，これを総会に報告する。
　　　(2)　名誉会員は会費納入義務を負うことなく会員の資格を継続するが，理事選挙における選挙権および被選挙権ならびに総会における議決権を有さない。

日本平和学会
会長　黒田俊郎
事務局
　321-8505　宇都宮市峰町350
　宇都宮大学学術院・国際学部　清水研究室
　E-mail: office@psaj.org
　http://www.psaj.org/

平和と音［平和研究　第51号］
2019年6月15日　初版第1刷発行

　　編　者　日本平和学会
　　発行者　須　賀　晃　一
　　発行所　株式会社　早稲田大学出版部
　　　　　　169-0051　東京都新宿区西早稲田1-9-12
　　　　　　☎03-3203-1551
　　　　　　http://www.waseda-up.co.jp/
　編集協力　有限会社アジール・プロダクション
　印刷・製本　精文堂印刷株式会社

Ⓒ 2019　日本平和学会　　　　　　　Printed in Japan
　　　　ISBN978-4-657-19012-3
　　　　ISSN（国際標準逐次刊行物番号）0385-0749

## 平和研究バックナンバー

第1号　特集＝平和研究の方法／第2号　特集1＝平和価値，特集2＝平和教育／第3号　特集＝日本国憲法―国内体制と平和／第4号　特集1＝平和運動の理論と行動，特集2＝国連軍縮特別総会，特集3＝世界秩序の諸問題／第5号　特集1＝現代日本の平和保障，特集2＝現代日本の平和教育／第6号　特集1＝国際紛争の構造と解決，特集2＝アジア平和研究国際会議／第7号　特集1＝生活様式と平和，特集2＝平和教育学への展望，特集3＝非軍事化の探究／第8号　特集＝新国際軍事秩序を解剖する／第9号　特集1＝戦後史におけるヒロシマ・ナガサキ，特集2＝アジアの平和秩序のために，特集3＝平和研究の現段階と平和学の課題／第10号　特集1＝日本の"平和保障"を求めて，特集2＝平和と地域―アフリカの飢えと国際政治／第11号　特集1＝日本型管理社会と労働，特集2＝核時代の平和と第三世界，特集3＝アパルトヘイト／第12号　特集＝エスニシティ問題／第13号　特集1＝日本のODAを考える，特集2＝戦争体験から核軍縮へ／第14号　特集1＝言語政治学と平和の課題，特集2＝天皇・軍隊・戦争／第15号　特集＝科学と平和／第16号　特集＝グローバルデモクラシー／第17号　特集＝自治体の平和外交／第18号　特集＝冷戦後の平和研究／第19号　特集＝Peaceful Change―平和的改革へ／第20号　特集＝21世紀へのオールタナティブ―平和秩序を求めて／第21号　特集＝「持続可能な発展」と日本の選択／第22号　特集＝地球市民社会の安全保障―冷戦後平和秩序の条件／第23号　特集＝再び自律と平和―沖縄が提起する問題／第24号　特集＝いま日本の「国際貢献」を問う／第25号　特集＝20世紀の戦争と平和／第26号　特集＝新世紀の平和研究／第27号　特集＝「人間の安全保障」論の再検討／第28号　世界政府の展望／第29号　芸術と平和／第30号　人道支援と平和構築／第31号　グローバル化と社会的「弱者」／第32号　スピリチュアリティと平和（3200円）／第33号　国際機構と平和（3200円）／第34号　アジアにおける人権と平和（3200円）／第35号　「核なき世界」に向けて（3200円）／第36号　グローバルな倫理（2200円）／第37号　世界で最も貧しくあるということ（2200円）／第38号　体制移行期の人権回復と正義（2200円）／第39号　平和を再定義する（2200円）／第40号　「3・11」後の平和学（2200円）／第41号　戦争と平和の法的構想（2200円）／第42号　平和の主体論（2200円）／第43号　「安全保障」を問い直す（2200円）／第44号　地域・草の根から生まれる平和（2200円）／第45号　「積極的平和」とは何か（2200円）／第46号　東アジアの平和の再創造（2200円）／第47号　脱植民地化のための平和学（2200円）／第48号　科学技術の暴力（2200円）／第49号　信仰と平和（2200円）／第50号　平和研究と憲法（2200円）

早稲田大学出版部刊（表示価格は本体価格。第1号～第29号は品切れ）